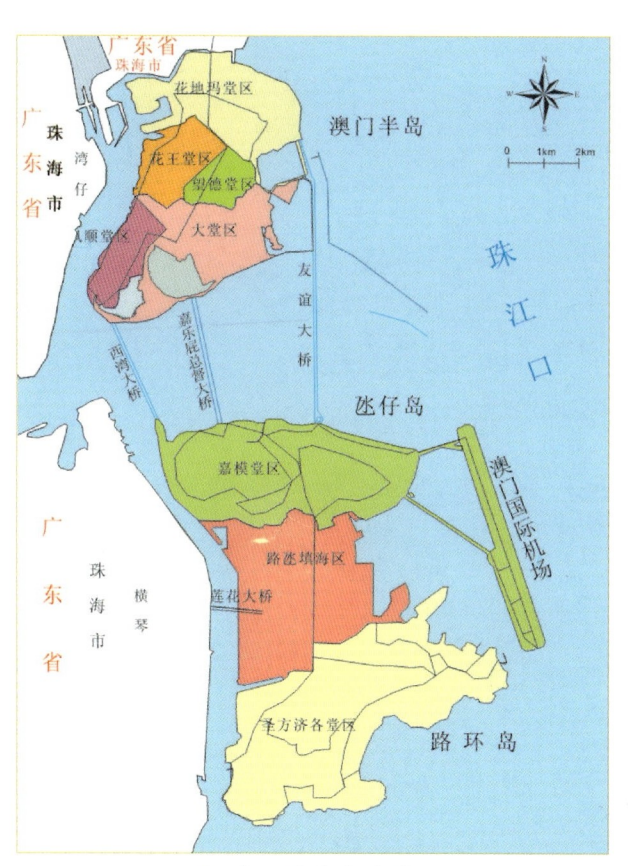

▲ 澳门对外交通图

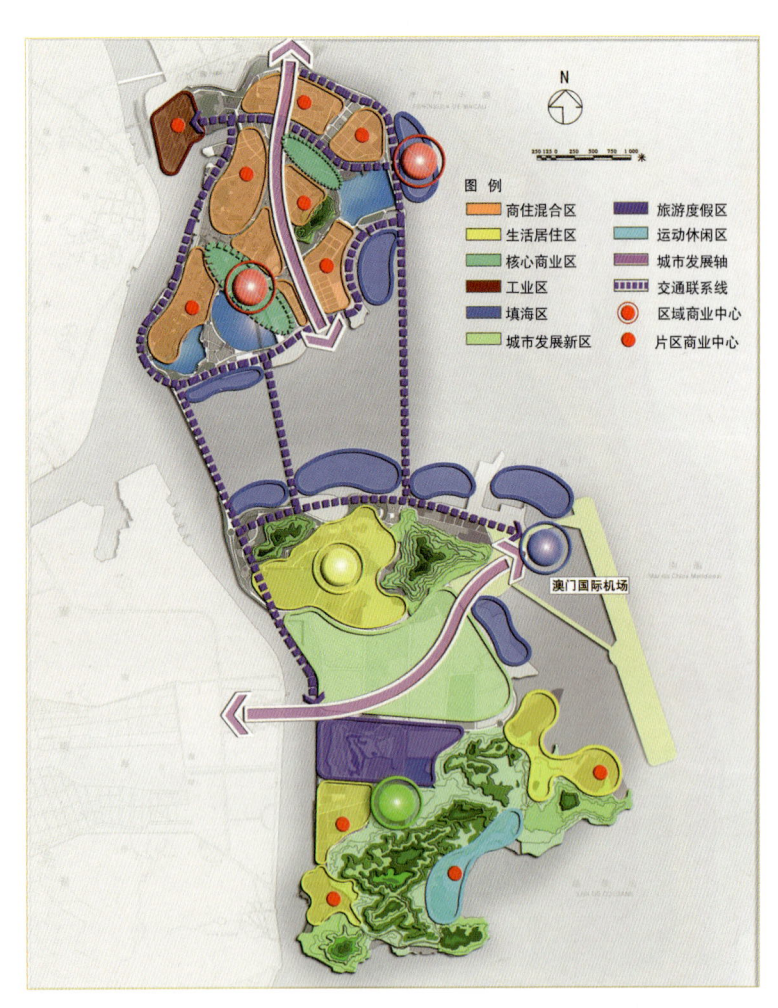

▲ 澳门概念规划结构图(编制：地图绘制暨地籍局)

▲ 澳门是一个教会建筑之城，随处可见可与东方式庙宇相媲美的西式教堂

▲ 澳门街景

▲ 填海而成的澳门机场跑道

▲ 澳门最具代表性的名胜古迹——大三巴牌坊

▲ 澳门八景之一的澳门黑沙海滩

"十二五"国家重点图书出版规划项目

中·国·省·市·区·地·理

丛书主编 ◎ 王静爱

澳门地理

AOMEN DILI

主　编 ◎ 肖　玲
参　编 ◎ 陈朝隆　欧阳军　陈　淳　邓　元
　　　　林秋妤　柯素琼　万贵明

北京师范大学出版集团
BEIJING NORMAL UNIVERSITY PUBLISHING GROUP
北京师范大学出版社

图书在版编目（CIP）数据

澳门地理/肖玲主编. —北京：北京师范大学出版社，2015.6
（中国省市区地理丛书）
ISBN 978-7-303-18284-8

Ⅰ. ①澳… Ⅱ. ①肖… Ⅲ. ①地理－澳门 Ⅳ. ①K926.59

中国版本图书馆 CIP 数据核字（2014）第 272947 号

营 销 中 心 电 话　010-58802181　58805532
北师大出版社高等教育分社网　http://gaojiao.bnup.com
电 子 信 箱　gaojiao@bnupg.com

出版发行：北京师范大学出版社 www.bnupg.com
　　　　　北京新街口外大街 19 号
　　　　　邮政编码：100875

印　　刷：	大厂回族自治县正兴印务有限公司
经　　销：	全国新华书店
开　　本：	170 mm × 230 mm
印　　张：	11.5
字　　数：	205 千字
版　　次：	2015 年 6 月第 1 版
印　　次：	2015 年 6 月第 1 次印刷
定　　价：	36.00 元
审 图 号：	GS（2015）565 号

策划编辑：胡廷兰　　责任编辑：胡廷兰
美术编辑：王齐云　　装帧设计：王齐云
责任校对：李　菡　　责任印制：马　洁

版权所有　侵权必究
反盗版、侵权举报电话：010－58800697
北京读者服务部电话：010－58808104
外埠邮购电话：010－58808083
本书如有印装质量问题，请与印制管理部联系调换。
印制管理部电话：010－58800825

中国省市区地理丛书
编辑委员会

主　　任：王静爱

委　　员（以汉语拼音为序）：

安裕伦	毕　华	曹明明	查良松	方修琦	付　华
傅鸿志	葛岳静	古格·其美多吉		郭大玄	韩茂莉
胡宝清	蒋梅鑫	李诚固	李娟文	李永文	廖善刚
林　岚	刘宝元	刘洪杰	刘　敏	陆　骏	满都呼
满苏尔·沙比提		米文宝	明庆忠	宋金平	苏　筠
王国梁	王静爱	王乃昂	王　卫	吴殿廷	肖　玲
杨胜天	叶　玮	臧淑英	张　宏	张争胜	张祖陆
赵　济	赵　媛	赵金涛	仲小敏	朱　良	朱　翔
朱华晟	卓玛措				

总　序

地理的区域性始终是地理学者关注和探讨的重要论题。编纂一套中国省市区的地理丛书，对认识中国地理的区域规律有重要的学术价值，对加深理解中国国情也有着极为重要的现实意义。

中国地域辽阔，南北和东西都跨越5 000多千米，陆域面积约$960×10^4$ km^2，管辖的海域面积约$300×10^4$ km^2。由于中国地域差异大，自然地理呈现出极为丰富的多样性特征；由于中国历史悠久，人文地理也呈现出一派绚丽多姿的景象。自然地理与人文地理在一个行政区内叠加在一起，构成一部丰富多彩的省市区地理，即组成了环境、资源、人口与发展的区域格局。"中国省市区地理丛书"正是从综合集成的角度，系统地梳理中国23个省、4个直辖市、5个少数民族自治区、2个特别行政区的环境、资源、人口与发展特征，并从全国的角度，阐述其区域时空变化规律。

中国国情特色鲜明，人口众多，地区发展不平衡，环境分布地带性明显，资源保障不平衡等因素较为突出。"中国省市区地理丛书"正是从历史透视的角度，分析了省、直辖市、少数民族自治区、特别行政区地理过程的形成与发展规律，特别是经济与社会的发展格局，在这个意义上说，丛书是对已完成的《中国地理》《中国自然地理》《中国经济地理》等重要学术著作或教材的补充。

"中国省市区地理丛书"的主要功能：一是中国地理课程和乡土地理课程的教学用书和教学参考书，完善高校师生和中学教师的区域地理教学的教材支撑体系；二是降尺度认识区域地理的科学著作，为区域研究者提供参考；三是从地理视角介绍中国国情、省情、县情的系统总结，为国民和各级管理人员提供地理信息和国情教育参考。

"中国省市区地理丛书"的编纂，对深化辖区主体功能区的规划，加快缩小区域差异，特别是城乡差异，探求可持续发展的区域模式，加强生态文明建设等有着极为重要的意义。科学发展模式的确立，需要客观把握国情、省情、县情，也需要认识辖区的地理规律。经过30多年的改革开放、快速发展，中国与世界的发展已息息相关，同时中国各省市区的地理格局也发生了重大变化,对于任何一个省市区来说,今天的发展都离不开与相邻的省市区甚至国家和地区的密切合作。了解邻接省市区的地理格局,对构建相互合作的区域模式和网络有着重要的实践价值。特别是处在同一个大江大河流域,或处在同一个受风沙影响的沙源区,或处在一个共同受益的高速交通线或空港枢纽区的省市区,更需要相互间的了解和理解、合作与协同,以追求共同发展,实现双赢或多赢的目标。

"中国省市区地理丛书"使读者可以从降尺度的视角,更全面地认识中国的地理时空格局,加深对中国国情方方面面的理解;也能在省市区的尺度上,对中国地理进行系统而综合的深化研究,并能帮助决策者从省市区对比的角度,更客观地审视和厘定本辖区发展的科学模式。

"中国省市区地理丛书"由35本组成,包括1本中国地理纲要和23个省、5个少数民族自治区、4个直辖市和2个特别行政区的34本分册。在每一本省级辖区地理图书中,都集中体现了"中国省市区地理丛书"的整体框架,即突出其辖区的地理区位,区域环境、资源、人口与发展的总体特征,区域地理的时空分异规律,区域生态文明建设与可持续发展的对策建议等。此外,对省级区域地理,在突出辖区整体性特征的同时,更要重视辖区的区域差异,特别是城乡差异;对直辖市的区域地理,在突出其城市化的区域差异的基础上,高度关注城市可持续发展遇到的突出的地理问题;对少数民族自治区的区域地理,在高度关注其自然环境多样性的同时,突出其民族自治区域的特色,特别是语言、文化等文化遗产的区域特征;对特别行政区地理,更加关注其特殊发展历程及国际化进程的地理特色和人口高度密集区域的可持续发展模式等。

34本分册具有统一的体例和结构框架,包括总论、专论和分论三个部分。

总论,是各分册的地理基础,是丛书分册之间可比较的部分,主要阐述各省市区的地理区位、地理特征和地理区划。地理区位是区域地理的出发点,强调从自然生态、文化和经济等多个视角,理解地理区位的特点和优势,结合行政区划与历史沿革,凸显各省市区的国内地位与区际联系。地理特征是区域地理的基础和重点内容,也是传统地理描述的精华,强调以自然地理和人文/经济地理要素为基础，以人口、资源、环境与发展（PRED）为综合的地理概括，结合专题地图和成因分析，凸显区域人地关系地域系统特征。地理区划是承上（总论）启下（分论）的重要部分，也是区域地理的理论体现，强调从自然生态、文化与经济的地域差异分析入手，梳理前人对区域划分的认识，凸显自然与人文的综合，最终提出地理分区的方案。

分论，是各分册辨识省市区内地域差异的主体，属乡土地理范畴，具有浓郁的乡土意蕴。依据地理分区方案，各地理区单独成章。每个地理区主要阐述：区域概况、资源与环境特征、产业发展与规划、人地关系与可持续发展、最突出或最重要的地理现象等。

专论，是各分册彰显区域综合分析和深入研究的部分，主要阐述省市区有特色的地理问题。这些特色问题大多是与区域发展联系密切的，在全国范围内具有重要地理意义或地位的，由多地理要素相互作用、相互影响产生的区域综合特征，也有自然地理与人文地理相结合的综合命题。这部分内容体现特色性、综合性、研究性，同时展现具有一定权威性的研究新进展。

组织编纂"中国省市区地理丛书"，需要多方面的合作和投入。北京师范大学"区域地理国家级教学团队"、全国高校中国地理教学研究会、北京师范大学区域地理研究实验室，承担了这项编撰任务的组织工作。2005年开始筹备，2006年由北京师范大学出版社立项资助，后组织覆盖中央和地方30多所师范大学和综合性大学的地理相关专业院系的教师参编本丛书。共分四个组织层次：一是编辑委员会，由王静爱教授担任编委会主任，由各分册主编和北京师范大学"区域地理国家级教学团队"中的教师共同担任编委会成员；二是审稿专家群，丛书邀请各省市区的区域地理专家、全国高校中国地理教学研究会部分教授、北京师范大学"区域地理国家级教学团队"中的教授和民俗文化、历史方面的专家担任审稿人，分别审阅丛书部分书稿；三是编务工作组，由苏筠副教授担任负责人，由北京师范大学区域地理实验室师生组成工作团队；四是出版编辑部，北京师范大学出版社高度重视，将其列为社内重大选题，指派王松浦、胡廷兰负责协调全套书的编辑出版工作。全套丛书已被评为"'十二五'国家重点图书出版规划项目"，于2010年至2015年陆续面世。

"中国省市区地理丛书"在由北京师范大学出版社资助的基础上，还得到北京师范大学区域地理国家级教学团队、教育部"211工程"和"985工程"项目经费的支持，以及北京师范大学地表过程与资源生态国家重点实验室、环境演变与自然灾害教育部重点实验室的人力、物力支持。当"中国省市区地理丛书"呈现在读者面前时，我要感谢全体编著者的辛勤工作与团结合作；感谢各分册的审稿人，他们是（按汉语拼音为序）：蔡运龙教授、崔海亭教授、董玉祥教授、樊杰教授、方修琦教授、葛岳静教授、江源教授、康慕谊教授、梁进社教授、刘宝元教授、刘连友教授、刘明光教授、刘学敏教授、马礼教授、史培军教授、宋金平教授、孙金铸教授、王恩涌教授、王卫教授、王玉海教授、王岳平教授、吴殿廷教授、武建军教授、伍永秋教授、许学工教授、杨胜天教授、袁书琪教授、曾钢教授、张科利教授、张兰生教授、张文新教授、张小雷教授、赵济教授、周涛教授、邹学勇教授等，他们认真、严谨的审稿工作是丛书科学性和知识性的保障。特别感谢赵济教授和史培军教授在丛书编纂、审稿和诸多区域地理科学认识方面的重要贡献和指导；特别感谢编务工作组的青年教师苏筠副教授，她为丛书庞大而复杂的编纂工作得以有序进行付出了巨大的精力；特别感谢董晓萍教授和晁福林教授对丛书区域民俗文化和历史相关部分的审阅和提出的宝贵意见。在此我谨向上述各位专家、学者对"中国省市区地理丛书"的指导与支持表示深深的谢意；在全体编著者和审稿专家工作的基础上，"中国省市区地理丛书"还得到各分册主编所在单位及其他许多单位和专家的大力支持和帮助，特此一并郑重致谢！

"中国省市区地理丛书"的编纂工作十分艰巨和庞杂，编著者虽然尽了最大的努力，但由于研究内容涉及面广，经济社会发展变化迅速，加上经验与水平不足，会存在诸多不足和遗憾，尚祈广大读者批评指正。

2013年12月

前　言

澳门是位于珠江口西岸的一个半岛，一个多世纪以前，曾经是中西文化交流的桥头堡，其特殊的发展历史、区域地位、经济模式及文化模式，在我国乃至亚洲的经济、文化格局中，都占有重要一席。

为了让学界、读者更加了解澳门，王静爱教授将《澳门地理》纳入了她主编的"中国省市区地理丛书"中，并将该书的撰写任务委托给我们华南师范大学地理科学学院的同仁。

本书按照丛书统一的编纂体例和内容要求，结合澳门地区的实际撰写。全书分总论、分论、专论三部分共八章，分别介绍了澳门的地理区位、澳门政治体制与行政区划、澳门资源环境生态特征、澳门社会经济发展特征、澳门半岛、澳门离岛、澳门博彩旅游业的多维效应、中西文化交汇之都的创新之路等内容。本书融自然地理和人文地理为一体，图文表并茂，资料翔实，对加深读者对澳门乡土地理文化的认识有重要作用。

参加本书编写的人员有：肖玲教授、陈朝隆副教授、欧阳军副研究员、陈淳讲师、邓元、林秋好、柯素琼和万贵明同学。具体分工是：肖玲教授任主编，负责全书的组织编撰、提纲拟定、统稿和审定工作，并承担前言、后记的撰写；陈朝隆副教授负责第四章第二节和第三节、第五章、第八章的撰写和图件编制；欧阳军副研究员负责第三章、第七章的撰写，第三章图件由林秋好同学绘制；陈淳讲师负责第一章、第二章第三节、第六章的撰写和图件编制；邓元同学负责第二章第一节、第二节的撰写；林秋好、柯素琼、万贵明同学负责第四章第一节的撰写和图件编制。张远儿讲师参加了澳门实地调研和资料收集工作。

本书的撰写参考或吸收了部分专家、学者的研究成果、数据资料，在此特向有关专家、学者表示衷心的感谢！北京师范大学王静爱教授、苏筠教授，还有北京师范大学出版社编辑胡廷兰女士对本书的编写、出版都给予了大力支持，本书能顺利面世，也凝聚了她们的心血和汗水，在此谨向她们表示由衷的敬意和感谢！

目 录

第一篇　总论 /1

第一章　澳门的地理区位　3
第一节　澳门概况　3
第二节　澳门的自然区位　5
第三节　澳门的经济区位　7
第四节　澳门的文化区位　12

第二章　澳门政治体制与行政区划　16
第一节　澳门政治体制的演变　16
第二节　澳门特别行政区的政治体制架构　21
第三节　澳门的历史沿革与行政区划　23

第三章　澳门资源环境生态特征　29
第一节　自然环境特点　29
第二节　资源特征　54
第三节　自然与人文生态特点　63

第四章　澳门社会经济发展特征　71
第一节　经济特征　71
第二节　城市建设　96
第三节　人口与文化特征　103

第二篇　分论 /117

第五章　澳门半岛　119
第一节　地理区位和地理特征　119
第二节　城市路网形态与城市景观　122
第三节　同心圆土地利用模式与城市功能区　125

  第四节 澳门历史城区 129
  第五节 城市规划基本框架 130

第六章 澳门离岛 133
  第一节 澳门离岛的区位与地理特征 133
  第二节 澳门离岛的发展 136
  第三节 澳门离岛的开发规划 138
  第四节 澳门离岛的大型建设 141

第三篇 专 论/145

第七章 澳门旅游博彩业的多维效应
  ——来自居民的调查 147
  第一节 澳门旅游博彩业的效应概述 147
  第二节 澳门旅游博彩业的效应分析 149
  第三节 历时性对比与讨论 152
  第四节 结论 156

第八章 中西文化交汇之都的创新之路
  ——澳门文化创意产业发展初探 158
  第一节 文化创意产业：新的经济增长点 158
  第二节 澳门发展文化创意产业的必要性 159
  第三节 澳门发展文化创意产业的有利条件 161
  第四节 澳门文化创意产业的发展策略 162

思考题/164

主要参考文献/166

后记/171

第一篇 总论

第一章　澳门的地理区位

章前语

澳门特别行政区是中国领土的一部分，它位于珠江三角洲西岸，与珠江三角洲东岸的香港及北部的广州呈三足鼎立之势。它背靠大陆，面向辽阔的南海，由澳门半岛及其南面的冰仔岛、路环岛和路冰填海区组成；地处东经113°31′33″～113°35′43″、北纬22°06′39″～22°13′06″，位于世界时区的中心——东八区。澳门是一个国际自由港，也是国际贸易的重要枢纽港，还是中国经济走向世界的窗口，更是中国大陆联系中国台湾、欧盟和葡语国家和地区的桥梁。澳门海洋文化区位独特，中西方文化在澳门交汇碰撞，融合成多元的澳门文化。

地理区位直接影响一个地区生存环境的质量、区域开发的方向和国际合作与交流的便捷程度。本章重点介绍澳门的地理区位，包括自然区位、经济区位、文化区位和澳门的行政区沿革。

关键词

珠江口西岸；季风气候区；国际自由港；中西文化交汇

第一节　澳门概况

一、澳门称谓的由来

澳门自古以来是中国的领土，"澳门"之名，在1564年已出现在史书中。澳门古称蠔澳镜、香山澳，后来又有蠔镜、镜海、镜湖、蠔海、海镜、濠江、莲海、莲岛等称谓。几百年前的澳门中心区南湾，规圆如镜，盛产鲜蠔，故名为蠔镜、蠔海、镜海、海镜。古代"蠔""壕""濠"三字通用，后人认为"蠔"字欠雅，在一百多年前遂约定俗成将"蠔"改为"濠"，前山河经内港入海，故亦有濠江之称。

澳门原是一个渔村，澳门半岛西侧为磨刀门支汊，濠江注入海口，为渔船湾泊之处，而明代把停靠船舶的海湾称为"澳"。1751年（清乾隆十六年）成书的《澳门纪略》记载："其曰澳门，则以澳南有四山（即氹仔、路环、大横琴、小横琴四岛，编者注）离立，海水纵横成十字，曰十字门……故合称澳门；或曰澳门有南台、北台，两山相对如门。"又曰珠江口外各水道出口多称为门，如虎门、崖门、磨刀门等，澳门因此得名。澳门北面的一段沙堤使珠海与莲峰山相连，形似莲花茎，因此古人把澳门比喻为飘入海洋的一簇莲花，于是澳门便有莲海、莲岛、莲洋、莲花宝地之誉。

据说，葡萄牙人初到澳门，在妈阁庙前登岸，向当地居民询问地名，居民误以为是问妈阁庙的名称，便告之"妈阁"，澳门的葡文名Macau，英文名Macao因此而得。

二、澳门简介

澳门全区包括澳门半岛及其南面的氹仔和路环两岛，以及路氹填海区。在地域上，澳门半岛可分为五个堂区（以各区内主要教堂的名字命名）：花地玛堂区、圣安多尼堂区（又名花王堂区）、望德堂区、大堂区、风顺堂区（又名圣老楞佐堂区）；两大离岛各一区，氹仔岛为嘉模堂区，路环岛为圣方济堂区。路氹填海区现时并不属于任何一个堂区。2010年，澳门地区陆地总面积为29.7 km²，到2013年达30.3km² 其中澳门半岛为9.3 km²，氹仔岛7.6 km²，路环岛7.6 km²，路氹填海区5.8 km²。2010年年底，澳门人口总数约为552 300人，其中女性占52%，男性占48%。作为世界上少有的高人口密度地区，2013年人口密度为20 050人/km²，每平方千米人口较12年前的16 870人增加了3 180人，增幅为18.8%。

澳门由陆连岛和岛连岛构成，形状似靴子，自东北向西南倾斜，与华南沿岸山脉震旦走向的方向相同。半岛南北长而东西狭窄，南北长约4 km，东西宽约1~2 km，属典型的华南型山地，以丘陵、台地为主，欠缺大面积的平地。澳门地处热带地区，天气普遍炎热，全年平均温度为22.3℃，湿度亦较高。由于气候温暖湿润，植被繁茂，属亚热带常绿阔叶林，如紫荆、石栗等阔叶乔木，热带攀援植物与寄生植物也极普遍。澳门与香港水域相连，在海洋生态系统中有众多的海洋低等动物和鱼类，偶尔可见海豚。陆地上众多的蝴蝶与鸟类，在香港发现的两栖、爬行与兽类也有在澳门出现。

经济上，澳门属典型微型经济体，在全球约70个微型经济体中名列前十名。作为全球为数不多的全方位开放的国际自由港，澳门经济结构自成体系，运行具有相对独立性，是全球50多个高人均收入国家和地区之一。2012年本地生产总值达到 343 416×10⁶ 澳门元，人均约 41 万澳门元；2013 年达 413 471×10⁶ 澳门元，人均 60 万澳门元。2012 年，澳门本地居民人均收入高达 521 786 澳门元，位列亚洲第二、世界第四。澳门的产业结构以第三产业为主；第二产业比重较低，且近年来第二产业比重有所下降，主要是制造业和建筑业的比重；而第三产业所占比例略有上升。制造、金融、建筑和旅游是澳门的四大支柱产业，其中，旅游博彩业发展最为强劲。

第二节 澳门的自然区位

一、澳门在地理坐标系中的位置

澳门位于地球北半球与东半球，介于东经 113°31′33″~113°35′43″、北纬 22°06′39″~22°13′06″之间，南北长 11.9 km，东西宽 7 km，地处亚热带季风气候区。通常以澳门半岛东望洋山（松山）灯塔所在的经纬度作为澳门的地理坐标：东经 113°32′47″、北纬 22°11′52″。东望洋山灯塔是远东最古老的海岸灯塔，始建于 1864 年，灯塔高 13 m，可通宵不停照射澳门四周 25 海里[①]半径的海域。灯塔与其旁边的小教堂、炮台构成松山的三大古迹，成为澳门著名的城市标志。

澳门所在的时区为东八区，处于世界时区的中心。这种时区位置使澳门的金融商贸有着得天独厚的优势：当澳门金融商贸业开始办公时，伦敦正是午夜时分；当澳门的金融商贸业准备下班时，伦敦的交易市场正如火如荼，而纽约的交易市场正准备开始。澳门特殊的时区位置，通过网络等媒介把位于不同时区的世界金融中心伦敦和纽约连成一体，日夜不停地运转，从而共同见证并参与世界金融和贸易的进程。澳门与北京位于相同时区，因此澳门采用"北京时间"作为计时标准，这极大地方便了澳门与中国内地的交流与往来。

二、澳门在地球上的位置

澳门海陆位置独特。北靠大陆，三面环海：东北离日本东京约 2 800 km，东隔伶仃洋与香港相望，东南离菲律宾马尼拉约 1 200 km，西南至新加坡约 2 600 km，是自南海进入中国东南部的重要通道，也是东南亚与东北亚海上航路的中转站，历史上葡萄牙人便是经由海路到达澳门的。

---

① 1 海里=1.852 km，下同

澳门是古华夏陆块的一部分，澳门及其附近的海岸和沿海岛屿同属万山隆起带，是在"多"字形构造支配下形成的典型山地海岸的组成部分。起主导作用的东北—西南走向断裂构造与规模较小的西北—东南走向断裂构造的交错组合重复出现，便形成"多"字形构造。莲花山断裂带和紫金—博罗断裂带的延伸部分从东北向西南分别在澳门的南、北外围穿过，西江断裂带则从西北向东南经过澳门的西侧。这3条主要断裂带形成了澳门及其邻近地区的构造框架。澳门半岛的长轴走向、氹仔至小横琴、路环至大横琴以及山势的走向基本上都与主要断裂带的东北—西南走向一致。

三、澳门在中国的位置

澳门是中国领土的一部分，位于中国大陆东南部沿海、珠江口西岸，扼守着中国南大门，把持着珠江入海口（图1-1）。

澳门半岛原本是悬于伶仃洋中的孤岛，其后因珠江的支流——西江携带的泥沙，在澳门北面与大陆之间堆积成一道沙堤，将澳门与大陆连接成半岛。连岛沙堤北起珠海拱北西瓜铺，南达澳门望厦山北麓，长约2 250 m，是澳门通往内地的唯一陆路通道，如今澳门北部便以这道古沙堤与广东省珠海市接壤。在接壤处，澳门与珠海陆界相隔只有240 m，距广州亦仅130 km；澳门的西面与珠海市湾仔一衣带水，只隔一条不到1 km宽的濠江水道，而东面则隔伶仃洋与香港遥遥相对，其间相距40海里（约78 km）；往西北沿西江上溯，可达广东肇庆、广西梧州等地。

澳门半岛的南面有氹仔和路环两个离岛，前后排立。氹仔北部有三座跨海大桥与澳门半岛相连，南部有路氹连贯公路与路环相通。连贯公路两侧是

图1-1 中国澳门特别行政区区位图

将两岛连成一体的路氹填海区。氹仔和路环的西面，是珠海市的小横琴岛和大横琴岛。路环的南面，便是波涛万顷的南海。

第三节　澳门的经济区位

一、澳门在国际上的经济区位

(一)国际贸易的重要商埠和枢纽

澳门地处南海之滨，海上位置优越，早在15世纪末，东南亚、琉球等地区的商旅、渔民已乘船来到澳门。之后，作为风帆航海时代的理想停泊地，澳门随着早期渔业和航运的兴起，逐渐形成一个日益活跃的港口。16世纪30年代澳门正式开放为贸易港口，成为远东国际转口贸易的枢纽、东西方贸易的重要港口，国际航路通畅。这条漫长的贸易航线从澳门出发，东北面与日本、琉球和菲律宾相通，西南面穿过马六甲海峡进入印度洋，可到达东南亚和南太平洋各国，直抵非洲东岸，再沿好望角北上，通往欧洲。

从16世纪80年代起到17世纪40年代，澳门早期的转口贸易达到了高峰。当时作为世界强国的葡萄牙，其商人入居澳门之后，即以此为据点，竭力拓展澳门与印度的果阿、日本的长崎、菲律宾的马尼拉以及欧美等国的贸易。建立起澳门—果阿—里斯本、澳门—长崎、澳门—马尼拉—墨西哥等三条贸易航线，编织成以澳门为中转枢纽港、以里斯本为财富归宿地的国际贸易大三角网络，即著名的世界性"大三角贸易"。澳门因此成为名扬海外的国际贸易中转站。

每年从一月开始，居住在澳门的葡萄牙等国的商人便向中国商人采购销往马尼拉、印度和欧洲等地的货物；而从六月开始则采购销往日本的货物，以便趁东北季风和西南季风盛行之机用帆船发运，获取中国商品在日本、印度、东南亚、欧洲及美洲等地的巨额利润。澳门一时成为联系亚洲、欧洲、美洲3条航线的中心港口，成为中国内地对外贸易的外港，同时又是中国与葡萄牙、西班牙、荷兰、日本、东南亚、英国、法国、德国、美国、古巴、秘鲁等国家和地区贸易的重要中继港。从16世纪中期至17世纪中期，澳门港繁荣兴旺，贸易发达，是通往亚、非、欧、美各洲的著名国际港口，在世界贸易市场中具有不可取代的地位。但从17世纪20年代起，因国际形势的变化，澳门的海外贸易和航运开始了波动和衰落。

(二)中国经济走向世界的窗口和桥梁

20世纪90年代以来，世界经济发展重心逐渐由大西洋经济圈向环太平洋经济圈转移，包括中国大陆在内的亚太地区成为世界经济发展的热点，而澳门正好地处亚太地区的经济增长极上，又是世界贸易组织的正式成员，加上其历史渊源，自然成为中国连接欧盟、东盟及葡语世界的纽带。

1. 澳门是中国联系欧盟的桥梁

澳门是中国领土的一部分，但由于历史原因，长期为葡萄牙所管治。而葡萄牙是欧盟最早的成员国之一，这样，澳门与欧盟之间就存在着一种特殊的历史渊源：一方面，澳门的经济体制以欧洲为蓝本；另一方面，欧洲在澳门的对外贸易中占有重要地位。但是，欧盟长期以来并未对澳门表现出太大的兴趣。究其原因，一方面是葡萄牙在欧洲的地位曾一度衰落，另一方面也是受制于欧盟对中国乃至亚太地区的长期忽视。

上述情况一直延续到中国的改革开放。随着中国经济的不断发展，欧盟开始寻求各种渠道与中国接触，澳门的桥梁作用随之得到重视。1992年，澳门与欧盟签署了"贸易与合作协议"，在经济、科技、文化等方面建立起了合作框架。同年，欧盟与澳门合作在澳门设立欧洲资讯中心，通过该中心，澳门和其他亚洲地区的投资者可以方便地获得欧洲共同体在法律、贸易、市场、投资方面的讯息。这表明，澳门的桥梁作用受到欧洲共同体的高度重视。随后，为了加强与中国内地的进一步合作，多个欧盟机构相继在澳门成立，这说明，欧盟对澳门这一中欧联系的"桥梁"给予了更多的关注。借此，中国也可以利用澳门这个平台，走向欧盟，走向世界。

2. 澳门是中国联系东盟的桥梁

多年来，经过各相关国家的共同努力，亚太经济合作组织（Asia-Pacific Economic Cooperation，APEC）已经成为全球瞩目的世界经合组织，这不仅因为它规模全球最大、潜质举世无双，而且也因为在APEC中有两大非常活跃的成员国和成员组合体——中国和东盟。中国与东盟海陆相通，是天然的合作伙伴，作为APEC两大活跃成员主体，在新一轮国际发展周期中，共同的发展愿望使相互间存在越来越大的合作空间。

在上述背景下，澳门作为传统自由港，其开放程度和国际化程度均较高，且社会稳定、民风淳朴、习俗多样、环境宽松，有条件成为中国与东盟关系的调整器，为拉近和拉紧相互关系做出贡献，成为中国走近东盟和东盟走近中国的"候车室""休息站""补给站"和"交换站"。目前，澳门已初具发展国际会展、培训基地的基础，将成为一个有特色的区域性、国际性人员培训与交流基地，可以为中国和东盟提供相关法律、商贸、语言、会展、旅游等中介服务，成为联系中国大陆与东盟的桥梁。

3. 澳门是中国联系拉丁语系国家的桥梁

近年来，众多的拉丁国家对扩大同东亚和中国的交流，十分积极。中国作为一个大国，面对国际政治局势的纷纭变化，应当面向更多的国家，全方位地开创对外开放的新格局。其中，十分重要和迫切的便是扩展同80多个通用拉丁语系国家的联系，尤其是加强与30多个使用澳门官方语言——葡萄牙语所属拉丁语系国家的联系。在澳门，中文和葡文同为正式语言，葡语和西班牙语、法语、意大利语等同属拉丁语系，它们均由古拉丁语演变而成，其语音、语法和词汇有着许多相同之处，易于相互沟通。上述的中拉双语文化环境使得澳门在与这些拉丁语系国家的交往中具有极大的文化血缘优势，成为中国对外联系的国际交流枢纽。

澳门同拉丁国家的经济文化交流有着400多年的历史，曾经是亚洲与欧美诸多拉丁国家商业贸易的中心。直至20世纪60年代，澳门产品仍然是以葡语国家为主要市场。目前，澳门的125个贸易对象国家中，以拉丁国家居多。法国、意大利、葡萄牙都是澳门的主要贸易对象。澳门的外资银行中，葡萄牙、法国、巴西等拉丁国家占大多数。当今澳门的外籍居民来自50多个国家，其中多半为拉丁国家，有的甚至是来自几内亚比绍和洪都拉斯等遥远的拉丁小国。澳门的数万归侨中，也有许多来自马达加斯加等通行法语的非洲国家。澳门在很大程度上直接使用葡萄牙法律，它与许多拉丁国家的法律一样，属于罗马法系，而不同于香港的英美法系。

澳门和拉丁国家在经济、文化、科技等许多方面一直保持着千丝万缕的联系，这使得它在面对中国经济的不同发展阶段，解决随着人均收入增加和人口老化而导致的巨大民间储蓄资本出路等问题时，扮演着不同的角色：澳门作为中介，当中国经济处在低谷期，可协助中国资本投入拉丁美洲、非洲；反过来，在中国经济高速成长期，则可将拉丁美洲、非洲的资本吸引过来，从而推动中国与拉丁语系国家经济的共同发展。

二、澳门在中国的经济区位

(一)澳门与珠三角

世界许多经济学家预测，21世纪将是亚太世纪，而亚太经济繁荣在中国沿海，中国沿海地区经济起飞的关键在于珠江三角洲、长江三角洲和环渤海三大经济区。珠江三角洲经济区包括广州、深圳、珠海、东莞、中山、佛山、江门、惠州、肇庆等九个城市，是中国对外开放最早、商品经济最发达、市场经济发展最成熟、基础设施最完善、吸引外资最集中、与国际市场联系最紧密、经济与科技相互渗透、生产力发展最快的地区之一。澳门位于珠江三角洲西岸，在地理上与珠三角紧紧毗邻，两地以珠江之水同脉相连，历史渊源悠久，经济联系密切。从20世纪80年代开始，中国实行对外开放政策，澳门对中国的对外开放和经济发展，尤其对珠江三角洲经济发展便起着桥头堡的辐射作用。

澳门作为中国境内一个特别行政区，且是华南地区珠江口西岸的港口城市，占据特殊历史地位和有利地理位置，它在中国经济体系尤其是南中国经济体系中所扮演的角色和承担的经济功能是不容忽视的。澳门与珠海、中山、江门、佛山等城市组成了珠三角西岸城市群，这是一个经济比较发达、社会商品和服务购买力旺盛且非常有发展潜力的城市群。尤其是在珠江三角洲东岸城市群"过度发展"而西岸相对滞后的现状下，地处珠江三角洲西岸的澳门将成为带动珠江三角洲西部城市群、提升粤港澳经济大三角区域竞争力的支撑点和增长极。对于澳门特别行政区自身而言，极度匮乏的自然资源导致相对细小的经济实力，决定了其高度的对外依赖性，而这种对外来物资的依赖程度又恰恰造就了澳门高度开放的经济环境，成为其参与区域经济协作的最大优势之一。

随着内地改革开放的深入和20世纪末澳门的回归，珠三角与澳门两地的经济合作正以前所未有的规模和速度蓬勃发展，这也是两地顺应全球经济一体化趋势的共同需要。进入21世纪，澳门与内地加强合作主要有三个重要平台：一是《内地与澳门关于建立更紧密经贸关系的安排》的实施，二是澳珠跨境工业区的规划与兴建，三是泛珠三角区域合作框架协议的签署。在这样的背景下，作为珠江西岸地区、粤西南与中国大西南地区的唯一国际自由港，也是粤西南地区唯一的具有国际机场的城市，作为中国唯一一个合法经营博彩业的地区，且与美国的拉斯维加斯、摩纳哥的蒙地卡罗并称世界三大赌城的澳门，可利用自身优势，帮助"泛珠"内地各省突破国际化进程中的障碍，推进"泛珠"经济体对全球规则的顺利对接，引导经济要素在"泛珠"和世界两个市场充分流动，有效参与"泛珠"国际性新功能区的构建。

(二)澳门与香港

在区域经济一体化势头日益增强的21世纪，作为继香港之后中国另一个特别行政区，澳门是香港寻求经贸合作的主要对象之一。实际上，澳门与香港这对极为特殊的"中国同胞"，已逐渐形成了你中有我、我中有你、高度融合的一体化局面，澳门是香港辐射的首要受益者，香港的发展问题也必然涉及澳门因素。

香港与澳门仅有一水之隔，同属于国际自由市场经济体系，同是全方位开放的国际自由港和单独关税区，但是，在经营成本方面，澳门比香港具有优势：澳门的生活费用只是香港的40%左右，地价与租金约为香港的17%，雇员工资也只有香港的40%。与香港相比，澳门还有一套比较灵活的劳工输入制度和良好的生活素质，因此，澳门有条件成为香港的后勤服务基地。

从旅游服务业来看，澳门拥有宝贵而独特的旅游资源，在漫长岁月的历史演变过程中积累了丰富的具有东西文化交汇特色的文化遗产，同时，澳门也能够提供国际水平的各种旅游设施和服务。香港是一个国际城市，高度商业化的氛围让这个沿海小城面临交通、环境上的诸多问题，缺乏相对休闲轻松的旅游环境，也缺乏蕴含历史文化主题的旅游景点。实际上，来澳的游客中香港居民占了很大比例，2010年按原居住地统计的入境旅客中香港旅客人数为7 466.1千人次，占10.42%。澳门与香港之间现在拥有世界上最先进、航速最快、航班最密的一条航线，这使得澳门与香港往往成为外地旅客游览路线上的前、后两站。因此，将澳门与香港各具特色的旅游资源和相关设施有效联系整合起来，游客的消费模式将更加丰富，游客所能获得的服务种类和满意程度也会进一步完善，对于提升港澳区域旅游服务业的质量和效益必然大有裨益，从而有助于增强整个港澳区域的经济实力。

此外，澳门现已形成海陆空对外立体交通网络和现代化的通信网络，与中国内地、中国香港、中国台湾、东南亚及欧洲等地区间的交通便捷，与全球230多个国家和地区间的通信也达到了国际先进水平。因此，相对于香港而言，澳门可以为香港的小型企业提供成本较低、质量较优的一些商业和运输服务。在港、澳区域经济协作中，通过积极发挥澳门商业服务和运输业的协调作用，香港可以将资源更为集中有效地运用于对大中型企业的服务上，从而减轻资源紧缺的负担，提高资源配置效率，最终实现整个区域竞争力的提升。

澳门和香港在经济发展过程中，明显受到资源(包括自然资源和人力资源)的制约。因此，在进行港澳区域经济协作的同时，往往需要将邻近的中国内地纳入到协作区域中来，首当其冲的无疑就是与港澳"同脉相连"的珠江三角洲地区。实际上，推进经济一体化是粤港澳经济发展的共同需求，地缘、血缘的紧密联系也让这三个地区之间的经济合作由来已久，形成了所谓的"经济大三角"，20世纪80年代便已建立了稳固基础，是个前景光明、稳定度高的成长三角。澳门的绝对经济实力较小，在三地区域经济协作中无力承担领导者的角色，但只要正确定位，找准合作的契机，澳门同样可以发挥一个不可替代的配角作用。在旅游业、金融业、商业服务和运输等行业上，澳门都存在自身的特色和优势，通过粤港澳三地的全面经贸合作，港澳可以及时获得廉价的劳动力、土地等各种资源和国内市场的支持，珠江三角洲地区则可以获得更多的资金、信息、管理技术、国际市场及其他服务。粤港澳三地经济联成一体，不仅能让三地互惠互利，提升整个区域的国际竞争力水平，更能使粤港澳经济大三角成为向全国内陆辐射以及同国际经济接轨的前沿地区。

(三) 澳门与台湾

澳门与台湾在贸易、投资、劳务等方面联系密切。目前，台商投资内地的战略格局基本上是以香港作为中转站，主要集中在福建、珠江三角洲和长江三角洲地区。但由于香港经济成本不断增加，台商在香港的经营日益困难，澳门就成了理想的替代地点，极有希望成为台商在珠江三角洲投资的控制中心。澳门作为台商投资内地的中转站或控制中心还有一个有利的人文因素，就是澳门的闽籍移民多达7万人，他们当中不少人在台湾有亲属，台商到澳门投资很容易找到熟悉澳门环境的合适人选协助管理业务。

澳门是台湾与大陆之间唯一"间接直航"的中转站，1995年澳门国际机场启用后，澳台两地之间的经济联系明显加强，澳门作为台商投资中国内地的中转站的角色也大大凸现。台北（高雄）—澳门—福州（厦门）航线是澳门最繁忙、效益最好的航线。其中最大的原因是澳台航线开通后，一方面机票较香港便宜，另一方面澳门对台湾旅客实行落地签证，大大方便了台湾旅客来澳或经澳转往内地。台湾是澳门的第三客源市场，2010年入境的台湾旅客为1 292.7千人次，经机场入境的旅客中，台湾旅客占八成左右。台湾在澳门成立了"台北经济文化中心"，于2002年1月起获澳门特别行政区政府允许为澳门居民及经澳赴台的内地居民、外国人士办理入台证件和提供旅行服务。

随着来澳台商的增加，台商对澳门的了解也逐渐加深，不再仅仅视澳门为一座赌城。在台商眼中，澳门有两大优势，一是与欧盟关系密切，享受其优惠待遇，方便台商拓展欧洲市场；二是作为联系台湾和内地的桥梁，方便台商拓展与内地特别是与华南地区的经贸关系。澳门近年来已经成为投资华南地区台商的一个重要后勤基地，在海峡两岸经济关系和人民往来方面起着颇为重要的桥梁作用。

第四节　澳门的文化区位

一、海洋文化区位

海洋是澳门文化的摇篮，它滋润着澳门文化的生长和发展。澳门地处岭南地区，本是香山县古伶仃洋的一个海岛。远在5 000年之前，澳门一带的中华先民主要以渔猎和采集为生，创造出典型的岭南海洋文化。海港城市的地理环境更使得澳门的历史成为一部向海发展的历史,经济和文化的外向性明显。早在古代封建王朝闭关自守时代,澳门人就已自发走向海洋,搏击风浪,以寻求发展。在葡萄牙人到来之前,澳门就已经开埠,成为一个早期渔民聚集和商贸互市之地,逐步为出国留学或移民海外打开了方便之门,文化交流活跃。

16世纪30年代,澳门正式开放为贸易港口,是其文化形成发展的重要阶段。明朝于1535年将市舶司移设澳门,从此澳门成为通达海外的贸易港口,中国的多项生产技术和陶器、茶叶、丝绸、古玩古董等迅速传播到欧洲和世界各地。澳门通过海洋率先走向世界,同时接纳来自五洲四海的文化。澳门接受和引进外来文化较早,也与其海洋文化区位有着密切的关系。

二、东西方文化交汇地

开放的澳门成为西方文化进入中国的通道。西方文化如泉水般通过澳门涌入中国内地。由于澳门很早成为第一个外国人居留地,中外人士混杂而居,先后有大约二十多个国家和地区的商人来到澳门,包括葡萄牙、西班牙、英国、法国、荷兰、俄国、丹麦、意大利、美国、索马里、阿拉伯半岛、印度半岛、印尼半岛、马来半岛、中印半岛、菲律宾群岛和日本群岛。外国商人和中国商人间的贸易往来,在促进澳门经济繁荣的同时,也促进了东西方文化的交流,带来了澳门文化的繁荣。他们长期在澳门相安共处,交融汇通,形成了别具一格的多元混合文化,成为澳门文化的一道特殊景观,使澳门成为古代罕见的多元文化汇聚中心。

因为当时葡萄牙人在澳门的居留人数远远多于来自西方其他国家及地区的人数,居留历史也较悠久,所以形成的澳门文化主要以中国传统文化及葡萄牙人为代表的西方基督教文化这两种文化为主体。两种文化在这里长期相互接触、相互渗透、相互融合、相互吸收,形成的澳门文化既与中国内地传统文化有别,更不同于葡萄牙文化和欧陆文化。在构成上,澳门文化的主调是有岭南文化圈特征的中华民族传统文化,其中糅合了葡萄牙与西方文化的有益成分,同时又具有较强烈的南欧文化特征。澳门中西合璧的独特文化,体现在种族、语言、文学、宗教、民俗、建筑、饮食等各个方面。

进入现代,凭借着独特的地理区位,澳门进一步成为东方与西方文化融合的典型。一方面,回归之后,中华文化作为主体文化在这里色调更为鲜明,影响力日渐扩大;另一方面,特别行政区的地位,使得澳门享有对外联系的较高自由度,可以单独地区身份参加某些国际组织、国际会议,签署参加众多国际性协议或公约,以"中国澳门"身份参加有关活动,因而澳门在语言、艺术、宗教、习俗等方面又是全方位开放、全周边接触的，宽松自由的环境使得不同的文化在这里相互尊重，互不侵犯，互补互济，共同受益，独特文化区位赋予的包容性与整合性愈加突出，澳门像一颗耀眼的明珠散发着光芒。

三、海峡两岸走向统一的缓冲区

从历史上看，澳门与台湾的第一个文化维系点是孙中山先生。孙中山在中国民主革命时期就与祖国宝岛台湾结下了不解之缘。他曾四次访问或过境日本霸占下的台湾岛，在台胞心目中留下了深刻印象；他领导的辛亥革命的胜利，曾激发起台湾民众一系列反抗日本殖民统治的武装起义。同时，孙中山在澳门进行过有关医学试验，从澳门出发到夏威夷求学，在澳门大力宣传新三民主义；孙中山的原配夫人也安葬在澳门。从这一点上看，澳门有很浓厚的孙中山文化。在这个历史背景之下，澳门和台湾保持了很密切的关系。

澳门与台湾的第二个文化维系点是妈祖文化。在台湾，妈祖信仰十分普遍，台胞1/3以上信仰妈祖，目前台湾民间祀奉天上圣母为神的寺庙已经超过900座。妈祖在台湾同胞心目中占着重要的地位，影响也最为深刻。澳门与妈祖早就结缘，如今澳门的葡文名Macau、英文名"Macao"就是广东话"妈阁"（即妈祖庙）的发音。澳门是妈祖信仰最早的传播地之一，也是发展创新妈祖文化、传承延续妈祖信仰的地方。2003年，位于澳门路环岛叠塔石塘山（又名石塘山）、由澳门中华妈祖基金会投资2亿澳门元建成的占地6 200 m² 的妈祖文化村，既是辉煌亮丽的旅游新景点，更是澳门与外地妈祖团体和妈祖信众情感交流、友好往来的桥梁和纽带。台湾与澳门共同的妈祖信仰，再加上占澳门人口1/4的福建人与台湾人在生活习惯以及语言方面的相同性推动了台湾同胞与澳门同胞的往来。每年澳门航班有七成以上的旅客是台湾人，这不仅促进了澳门旅游事业的发展，为台湾人到大陆的投资起了很好的作用；更关键的是，台湾同胞看到了澳门在回归后经济的快速发展和稳定有序的社会环境，增进了他们回归祖国的信心。可以说，澳门是海峡两岸走向统一的缓冲区。

四、"一国两制"的展示中心

澳门自回归祖国后，成为中国目前仅有的两个特别行政区之一，作为"一个享有高度自治权的地方行政区域、直辖于中央政府"的特别行政区，澳门特区政府和广大居民都有较为强烈的国家意识和民族意识，他们通过及时的角色调整与科学定位，对认真贯彻"一国两制"和《中华人民共和国澳门特别行政区基本法》(简称《基本法》)充满信心。回归以来，澳门人自强不息、积极开拓，不仅迎来了一个政通人和、百业兴旺的好局面，也使澳门特区成为成功实践"一国两制"的重要展示中心。这不仅对澳门特区本身的长治久安、繁荣稳定至关重要，而且对于推进两岸和平统一、正确理解和阐释"一国两制"也具有重大的启迪与示范作用。

第二章　澳门政治体制与行政区划

章前语

澳门政治体制的变迁存在着明显的"双轨"制特质，即华人社会一条线，葡人社会另一条线；这两条线在400多年的演进中既有和睦共进、各自为政，也有在政治地位、社会资源等方面的相互竞争。总体上经历了三个时期共六个阶段的演变。三个时期指早期的各自为政、和睦共进时期，葡萄牙管治时期，以及回归后的"一国两制"时期；六个阶段指葡人来澳之前的县辖乡（里）制、葡人来澳后的议事会制、葡萄牙殖民管治、葡管中国领土的地区自治、回归前的过渡、回归后的"一国两制"等六个阶段。

目前，澳门特别行政区的政治体制架构由行政长官、特区政府、立法会和司法机关构成；其行政区划除保持按教堂划分的原有7个堂区外，还增加了氹仔与路环之间的路氹填海区。

关键词

政治体制；行政区划；行政区；堂区

第一节　澳门政治体制的演变

纵观澳门历史，澳门的政治体制并未发生过根本性的彻底革命，其整体政治发展是一个趋于和缓变革的过程，目的在于适应不同时期、不同时代背景的需求。

总体来说，澳门自16世纪中叶被葡萄牙逐步占领后，经历了从葡萄牙的海外省到葡萄牙管理的中国领土的演变过程，其政治体制的变迁存在着明显的"双轨"制特质，即华人社会一条线，葡人社会另一条线；这两条线在400多年的演进中既各自为政、和睦共进，也有在政治地位、社会资源等方面的相互竞争。如果说早期澳门的政治体制更多体现的是华人与葡人社会的和睦共进、各自为政的话，那么葡萄牙管治下的澳门政治体制更多地表现出两者相互竞争的特点。

一、澳门早期的政治体制

澳门位于中国东南部沿海,地处珠江口西岸。在中国古代历史上,早期在澳门定居的人在此形成小村落,依靠捕鱼与务农种植为生,具有明显的封建社会政治体制特征。16 世纪初,海上贸易给澳门带来了发展机遇,葡商等外来因素不仅使得澳门的经济、文化得到发展,也成为澳门政治体制上"双轨"制、"双重效忠"模式的温床。这一时期澳门的政治体制特点表现为华人社会和葡人社会各自为政、和睦共进。

(一)葡人来澳之前的澳门政治体制

澳门自古以来是中国领土。《四库全书》中记载澳门古称濠镜澳,与香山县的历史关系极其密切。在春秋战国时期,香山已属百粤海屿之地。

据清康熙十二年(1673 年)申良翰纂修的《香山县志》记载,早在公元前 214 年即秦始皇统一岭南以后,即设南海等 7 郡,澳门属南海郡。秦末赵佗据南海郡等地,称南越王,置番禺县,澳门属番禺县。东晋元熙二年(420 年),澳门属新会郡下辖的 12 县中的封乐县。隋朝开皇十年(590 年),新会郡被撤销,澳门重属南海郡。唐朝至德二年(757 年),澳门属东莞县文顺乡。自南宋绍兴二十二年(1152 年)开始,澳门属广州府香山县,直至明清时期。在明代史书记载中,明代时(约公元 1534 年)澳门又称为"蚝镜"(濠镜),是当时葡萄牙商人与中国进行贸易途中的临时落脚地,葡商在该地晒晾货物和整理包装、补给等。

由史料可知,在 16 世纪以前,澳门只是珠江口西岸沿海的一个半岛小渔村,或者是一个渔船的临时停靠地,在中国的封建社会历史中并不占据重要的政治、经济地位。在历朝中央集权的郡县制度中,澳门基本上都属于县下所辖的更为基层的行政单位,如乡或里等,没有很正规、完备的政治体制。随着海上贸易往来的日益频繁,其地位和作用才逐渐凸显。海上贸易给澳门带来了不仅仅是经济、文化上的繁荣,同时也给澳门带来了政治文化更为多元的因素,促使其政治、经济地位逐步上升,政治体制渐趋成型。

(二)葡人聚居澳门时期的议事会制度

中葡早期正式的交往自 1514 年 Jorge Alvares 成功航行至珠江的屯门岛开始。葡萄牙人最初被限定居住在澳门南部(这是当时葡萄牙人的主要活动区)。经过 40 多年的往来,广东当局默许葡人在缴纳地租的条件下与澳门互市。直至 1557 年,葡萄牙人方从当时的广东地方政府争取到在澳门的正式居留权。

由于留居当地的葡人家庭不断增长,更有些与当地粤人通婚,加上有些欧洲人亦选择此地落脚，进而展开对中国的经济、宗教及文化交流，很快形成了小型社区。基于对葡萄牙无法割舍的联系与归属感，以及身处中国土地受广东政府管辖的实际需求，聚居澳门的葡人依照葡萄牙的市政传统，成立议事会进行社区内的自我管理，以既效忠于葡萄牙王室、也向明朝臣服纳税的双重效忠形式（"双轨"制）在澳门发展。自此开创了长达300多年的议事会时期。

1560年，定居澳门的葡萄牙人推选出驻地首领、法官和4位较具威望的商人组成管理组织，进行社区内部事务的自我管理，这便是议事会的雏形。居澳葡人社区中的民主制度并不完善，选举权的授予范围十分狭隘，选民只包括部分具有影响力的商人，因此这个自我管理组织的职能更多地侧重于维持内部秩序，保证商贸活动的正常运作。同时，虽然这一自我管理组织享有对内的自治权，但是来自中国与葡萄牙政府的外部压力使得他们不得不采取妥协政策，不仅需要服从中国法律以及官员的管辖并交纳地租，同时他们效忠的葡萄牙王室也于1580年派出王室法官抵达澳门，将葡萄牙法律延伸至居澳葡人。

1583年，居澳葡人首次举行选举，正式成立议事会。并且分别于1586年和1596年先后得到了葡萄牙印度总督和葡萄牙国王的承认，在葡萄牙国内获得了正式的政治地位。

澳门的议事会一般由3位议员、2位普通法官和1位检察长组成，任期为三年，可续任一次，主席由议员轮任。因为当时愿意且有能力担任公职的人并不多，所以依照规定一旦获选便不能拒绝出任公职，否则将受到处罚。

议事会除了管理市政卫生、市容，拨款支持医院和仁慈堂等一般事务以外，还负责两部分重要职责，其一是葡人社区内的治安和司法，其二是议事会的财政收支。在治安和司法方面，普通的司法问题可由议事会商议进行简易判决，当案件牵涉过大时则需要由位于印度果阿的中级法院进行审判，由此可见澳门议事会并不具有司法的终审权。在财政收支方面，初期的议事会靠居澳葡人自愿捐赠支撑财政，逐渐发展到向进出港口的葡萄牙商船收税，总体来说能够自给自足，达到财政上的独立。

二、澳门在葡萄牙管治下的政治体制

葡萄牙人在没有得到明清政府允许的情况下，在澳门聚居自治长达300多年；直到1887年《中葡和好通商条约》签订，中葡双方才初步就澳门的政治地位及葡人的居留权达成了共识。自此，葡萄牙开始了对澳门长达百年的殖民统治。这一时期可分为殖民管治时期、葡管中国领土下地区自治时期、回归前过渡时期等三个阶段。

(一) 葡萄牙殖民管治时期澳门的政治体制

殖民管治时期始于王权的入侵、议事会的衰落。

1623年，首任澳门总督马士加路也上任，葡萄牙王室以及印度总督开始插手澳门管理实务，使葡萄牙对澳门的管治开始沾染上殖民色彩。由于澳门议事会在对澳门内部事务的管理上仍然处于主导地位，澳门总督连同此后的多位继任者皆因不同程度与澳门议事会发生冲突而下台。1783年，葡萄牙当局颁布的《王室制诰》极大地加强了澳门总督权力，使得总督在原有军事权的基础上，"有权干预澳门葡人内部管理的大小事务，对议事会决策有否决权。澳门总督逐步变得名副其实，澳门政治组织的殖民色彩日趋浓厚。"[①]澳门议事会制度由此逐渐衰落。

1844年，葡萄牙女王玛莉亚二世借第一次鸦片战争中国战败之利，宣布澳门为自由港，将澳门脱离印度总督管辖而单列一省。1849年，葡萄牙停止向中国上交澳门地租，中国驻澳官府被迫撤离出境。1887年，葡萄牙迫使清政府签订《中葡和好通商条约》，规定中国同意葡国"永驻管理澳门"，使澳门成为葡萄牙的殖民地。1920年，葡萄牙通过修改宪法，赋予各殖民地高度的自治权，总督的权力得到了进一步的加强。

1926年，葡萄牙再次修改有关管治殖民地的法例，使得殖民地管治更为系统化，并且通过出台《澳门殖民地组织章程》详细制定了澳门殖民地的政治体制。依照《澳门殖民地组织章程》，澳门有两个政治机关——总督和政务委员会。

总督直属殖民地部长，主持政务委员会工作。总督拥有行政权以及立法权。通过政务委员会，总督可以进行一般性的立法，重要立法则需要通过政务委员会进行。

政务委员会具有决议和咨询的职责，由当然成员、委任成员和选举产生成员三部分组成。当然成员主要由政府官员组成，委任和选举委员则来自社会各个阶层。经由总督提议，殖民地部长可解散选举产生的委员。当政务委员会与总督之间产生分歧，由殖民地部长自由裁决。

在这一时期，澳门的政治体制独一无二，总督地位突出，政务委员会虽有民主选举成分，但并不完全，也没有制约总督的政治优势；澳门地区享有较大程度的内部自治，但对葡萄牙主权机关特别是司法系统仍有一定依赖性。

---

① 吴志良. 澳门政治发展史[M]. 上海：上海社会科学院出版社，1999：89

(二)葡管中国领土下地区自治时期澳门的政治体制

凭借着第二次世界大战时期葡萄牙国内的中立政策，澳门躲过了日本侵华时期被日军占领的命运。1972年，联合国非殖民化特别委员会应中华人民共和国的要求将澳门、香港从非殖民化地区的名单中剔除，并期望通过适当的方式和平解决港澳问题。1975年，葡萄牙外交部表达了与中华人民共和国建交的愿望。

1976年，葡萄牙政府颁布《澳门组织章程》，并获得同年颁布生效的《葡萄牙共和国宪法》的确认。这部新的宪法第5条第4款规定："在葡萄牙管治之下的澳门地区，由一适合其特别情况的组织章程所管治"，确认了澳门为葡萄牙管理下的中国领土。澳门政府在不抵触《葡萄牙共和国宪法》和《澳门组织章程》的情况下，享有行政、经济、财政及立法自治权。澳门既非附属他国的殖民地，亦非一个独立的城市国家，而是葡管中国领土。主权与治权的完全分离，决定了澳门的特殊法律及其政治体制特色。根据章程，除了法院外，葡萄牙在澳门的所有主权机关，均由总督代表。澳门当地的管理机关为总督和立法会，立法职能由立法会和总督行使，行政职能由总督行使，并由政务司辅助。章程对总督的任免、立法会和咨询会的组织及其运作、职能、权限也有规定。在司法权方面，澳门地区开始拥有自治且适应澳门特征的司法组织。

(三)澳门回归前过渡时期的政治体制

《中华人民共和国政府和葡萄牙共和国政府关于澳门问题的联合声明》(以下简称《中葡联合声明》)于1987年4月13日在北京签订，并于1988年1月15日正式生效，澳门由此进入了回归前的过渡期。

《中葡联合声明》指出，澳门地区是中国领土，中国将于1999年12月20日恢复对澳门行使主权，还商议确立了澳门过渡期的行政管理以及回归后中国政府对澳门的基本政策。

首先，中国政府在澳门回归后将根据"一个国家，两种制度"的方针，设立澳门特别行政区。《中葡联合声明》的附件《中华人民共和国政府对澳门的基本政策的具体说明》对基本政策予以具体化。其次，《中葡联合声明》第三条规定，自《中葡联合声明》生效之日起至1999年12月19日止的过渡时期内，葡萄牙共和国政府负责澳门的行政管理。葡萄牙共和国政府将继续促进澳门的经济发展和保持其社会稳定；对此，中华人民共和国政府将给予合作。

联合声明的另一个附件《关于过渡时期的安排》规定，成立中葡联合联络小组和中葡土地小组，为澳门治权的交接创造更妥善的条件。

中葡联合联络小组由双方各指派1名大使级的组长和另外4名小组成员组成，每方还可指派必要的专家和工作人员。联络小组以澳门为常驻地，轮流在北京、里斯本和澳门开会。联络小组是两国政府就《中葡联合声明》的实施和澳门政权交接等相关事宜进行联络、磋商和交换情况的机构,不干预澳门的行政管理,也不对其起监督作用。联合联络小组未能取得一致意见的问题,提交两国政府通过协商解决。

中葡土地小组是代表中葡两国政府专门处理澳门土地契约及有关事项的机构,由中葡双方各指派 3 名成员组成,还可指派必要的专家和工作人员。土地小组的职责是,就中葡双方关于处理澳门土地契约及有关事项的规定进行磋商,并依照规定,监察批出土地的数量和期限,以及批出土地所得收入的分配和使用情况。

三、回归后澳门特别行政区的政治体制

1999 年 12 月 20 日,澳门政权由葡萄牙移交至中华人民共和国,澳门成为中国一个特别行政区。

澳门现行政治体制最大的特点是体现"一国两制"原则。一方面,澳门特别行政区在政治体制中体现了国家主权,其政府的各主要组成人员,包括行政长官、主要官员、行政会成员、立法会主席、终审法院院长和检察长都需要由中央人民政府任命;依据中央政府的各相关职能部门,特区政府设立了相应的职能机构,并对中央政府负责。另一方面,澳门特别行政区在政治体制中实行高度自治,行政机关、立法机关由澳门居民组成,司法机关主要由澳门居民组成。行政机关享有广泛的行政权,立法机关享有立法权,司法机关享有独立的司法权和终审权。实行"一国两制"保证了澳门的社会稳定,促进了经济的有效发展,保证了特区政治体制有序、有效地演变。

第二节 澳门特别行政区的政治体制架构

澳门特别行政区的政治体制由行政长官、特区政府、立法会和司法机关构成。

一、行政长官

(一)行政长官的地位

行政长官既是澳门特别行政区的首长,对内对外代表澳门特别行政区;也是澳门特别行政区政府的首长,领导特别行政区政府。行政长官对中央人民政府和澳门特别行政区负责。

(二)行政长官和廉政公署、审计署

根据《基本法》的规定,在行政长官之下,设立廉政公署和审计署两个独立部门。廉政专员和审计长由行政长官提名,由中央人民政府任命,是特别行政区的主要官员。它们相对政府其他部门独立,直接对行政长官负责,不受其他政府官员领导。

二、特别行政区政府

(一)行政机关

澳门的行政机关是澳门特别行政区政府,对澳门特别行政区立法会负责。政府架构由司、局、厅、处构成。目前,澳门特别行政区政府设有行政法务司、经济财政司、保安司、社会文化司、运输工务司等五个司。

(二)咨询组织

根据《基本法》规定,澳门特别行政区行政机关可根据需要设立咨询组织,为社会发展献计献策。目前,澳门政府有不少咨询组织,有一些直属行政长官领导,有一些属各司领导。前者如安全委员会,科学、技术暨革新委员会;后者如经济财政司属下有经济委员会、社会协调常设委员会、统计咨询委员会,保安司属下有保安协调办公室、司法暨纪律委员会,社会文化司属下有教育委员会、卫生委员会、体育委员会、青年事务委员会、文化委员会、旅游委员会、社会工作委员会、档案委员会,运输工务司属下有土地委员会、交通咨询委员会、交通高等委员会、环境委员会、水域公产委员会。

三、立法会

(一)立法会概况

澳门特别行政区实行的是行政、立法、司法三权相互分工、互相配合、互相制衡的政治体制,立法机关在政治体制中占有重要地位,是政治体制中的重要组成部分。

澳门特别行政区立法会采用一院制议会制。现设有 33 个席位,其中 14 个席位直接选举产生,12 个间接选举产生,另外 7 个由行政长官任命。每届任期 4 年。

(二)立法会的委员会

澳门特别行政区立法会为了有效地开展工作,在参考了原澳门立法会做法的基础上,结合新情况,规定设立执行委员会、3 个不冠名的常设委员会以及临时委员会协助工作。

执行委员会是一个处理日常工作的机构,设主席及秘书各 1 名,成员不得少于5人，也不得多于9人，立法会主席、副主席、第一秘书和第二秘书是执行委员会的当然人选。3个不冠名的常设委员会是对原澳门立法会委员会制度的一个改变；不冠名的好处是，可根据需要和委员会工作量分派审议的法案。临时委员会的设立动议应至少由3位议员提出。

四、司法机关

澳门的司法机关由法院和检察院组成。

(一)法院

澳门特别行政区的法院组织，从纵向可分为初级法院、中级法院和终审法院三级建制；从横向可分为普通法院和行政法院。

1. 初级法院

初级法院是第一审法院，包括普通管辖法院和行政法院。普通管辖法院负责刑事、民事案件的审判，由院长1人、法官数十人组成。法院以合议庭或独任庭方式运作。合议庭由3名法官组成，其中1名为主席；独任庭由1名法官组成。普通管辖法院设立了民事法庭、刑事法庭、轻微民事案件法庭、刑事起诉法庭等专门法庭。行政法院管辖行政诉讼、税务诉讼、海关诉讼，其组织较简单，由2名法官组成，院长由普通管辖法院院长兼任。

2. 中级法院

中级法院是普通管辖法院和行政法院的上诉审法院，也是较重大案件的第一审法院，由院长1人、法官4人组成。中级法院采取合议庭方式运作，不设分庭。

3. 终审法院

终审法院是澳门最高等级的法院，行使司法终审权，由院长1人、法官2人组成。

(二)检察院

澳门的检察院属于司法系统，作为司法机构，由检察长1人、助理检察长若干人，以及检察官组成。终审法院由检察长代表，中级法院由助理检察长代表，初级法院由检察官代表。采取的是派驻方式，而不是设立分院的方式。检察院工作统一由检察长领导。

第三节　澳门的历史沿革与行政区划

一、澳门的历史沿革

澳门自古以来是中国的领土。早在距今5 000～4 000年前，澳门就已有中国先民的足迹，考古专家曾先后在竹湾、黑沙北部、黑沙南部、路环村、九澳村、黑沙海滩等地发现不少陶皿残片、石英手环断节、石斧、玉器和制玉的作坊遗址等文物，经考证这些都与珠江三角洲文化区早期文明遗址中发掘的文物属于同一文明系统。从建立于公元前3世纪的中国第一个统一的封建王朝——秦朝开始，澳门就被正式纳入中国的版图，属南海郡番禺县，其后历朝历代澳门随着行政区划的变更分属于不同郡县。晋代属新会郡封乐县；隋朝新会郡被撤销，重属南海郡；唐朝属东莞县。南宋绍兴年间，朝廷将南海、番禺、新会三县的滨海之地设立为香山县，隶属广州府，澳门归入香山县长安乡，成为香山重要的盐场和海运出口之一。南宋末年，宋军曾保护宋端宗到过"井澳"、大屿山一带，勤王兵马与元兵决战于氹仔海面。在政区变化的同时，珠江三角洲开始有越来越多的居民进入澳门定居。明洪武十四年（1381年），长安乡改为恭常都，之后至鸦片战争前的几百年间，澳门一直都是香山县的辖地，由香山县府派驻在澳门的机构进行治理。

明朝中叶，中外海上贸易频繁，澳门独特的地理位置受到人们的关注，东南亚等地的外国商人开始在澳门与中国进行贸易活动。明嘉靖十四年（1535年），明朝政府将广州市舶司迁移到澳门，使澳门从此成为一个朝廷派有官员管理的对外口岸。这被认为是澳门开埠的起源，奠定了澳门发展成为中国对外贸易重要港口的基础。澳门优越的经济区位，也吸引了势力不断膨胀的葡萄牙商人的重视。1553年，葡萄牙商人以贿赂的手段与广东官府接触，与时任海道副使汪柏达成协议，得到贸易许可，从此开始在澳门非法定居，至1563年澳门已有葡人900多人。但在1565年前，澳门的地位并未得到广东官府的一致默许，直到1565年以两广总督吴桂芳为代表的地方势力才基本形成允许葡人贸易但必须加强管理的思路。此后，葡人在接受中国官员管治下，设立议事会，享受较大的自治权，成为另类"蕃坊"。作为葡人在华的唯一居留地，他们必须遵守中国法律，每年向香山县政府缴纳"地租银"五百两，直至鸦片战争后的1849年，前后近300年。中国政府虽然默许葡人自治，但在统治权、军队驻扎权、财政权、关税权、行政权以及司法权等方面，仍在澳门充分行使主权和治权，明清两代一直在澳门设立有官府衙门、海关、税馆，并驻扎军队。两广钦差大臣林则徐1839年9月巡视澳门，曾召见在澳葡萄牙人代表和官员训话，就是中国在澳门充分行使主权的标志。

鸦片战争之后，1846年上任的第79任澳门总督亚马勒为代表的殖民主义者，一反以往"恭顺"的常态，推行殖民扩张政策，驱逐在澳中国官员，私自宣布澳门为葡萄牙的"殖民地"，并逐步占领澳门半岛全境和氹仔、路环二岛。1887年清廷与葡萄牙签署的《中葡和好通商条约》规定，澳门为葡国"永驻管理"的地方，澳门进入澳葡殖民统治时期。这一时期，澳门受葡萄牙当局管理，虽然内部享有一定的自治权，但对葡国主权机关特别是司法系统有较大依赖性。1949年中华人民共和国成立后，中葡两国于1979年正式建交，葡萄牙承认澳门为葡萄牙管理下的中国领土，1987年中葡两国政府签署关于澳门问题的《中葡联合声明》，确定了澳门回归的日程表。1999年12月20日澳门回归，成为中华人民共和国的特别行政区。

从16世纪至20世纪的400多年间，澳门在政治上经历了葡人来澳后的议事会制、葡萄牙殖民统治、具有相对自治地位的葡管中国领土、过渡时期4个历史阶段后，然后进入"一国两制"、"澳人治澳"、高度自治的历史发展新阶段。作为中华人民共和国一个享有高度自治权的地方行政区域，澳门特别行政区政府直辖于中央政府，全面负责澳门除外交和国防事务外的行政管理，在行政管理、立法、司法等方面享有高度自治权。

二、澳门的行政区划

澳门由澳门半岛，路环、氹仔两个离岛，以及路氹填海区构成。历史上的澳门，在早期尤其是在鸦片战争之前主要是指澳门半岛。葡萄牙人管理时期，整个澳门地区的行政事务直接由澳门政府管辖，仅设澳门市政厅和海岛市政厅分别管理半岛和离岛的市政事务。整个澳门以区内主要教堂划分堂区，其中，澳门半岛分为花地玛堂区、圣安多尼堂区（花王堂区）、望德堂区、大堂区、风顺堂区（圣老楞佐堂区）5个区，氹仔岛为嘉模堂区，路环岛包括圣方济堂区，但各堂区只是地域上的划分，并无行政管理机关。回归之后，澳门区内行政区域划分及管理基本维持原状，行政区域则因氹仔与路环之间填海造陆多了路氹填海区（图2-1）。

（一）澳门半岛

1. 花地玛堂区

位于澳门半岛最北面，在圣安多尼堂区和望德堂区的东北面，包括青洲、台山、马场、黑沙环、望厦、筷子基等地。堂区的土地大部分由填海所得，面积3.2 km²，北边与广东珠海特区的拱北接壤，其陆路交通是澳门与内地的主要陆路通道，南边以美副将大马路与圣安多尼堂区、望德堂区相邻。20世纪中期之前，花地玛堂区属于澳门的郊区，没有大的开发，20世纪六七十年代澳门经济起飞，该区获得迅速发展，成为澳门新兴工业区，以纺织、制衣、塑胶、玩具、皮革、电子、电力等为主要行业。由于工业集中、交通繁忙、人口稠密、市政设施不配套，本区环境问题较为严重。

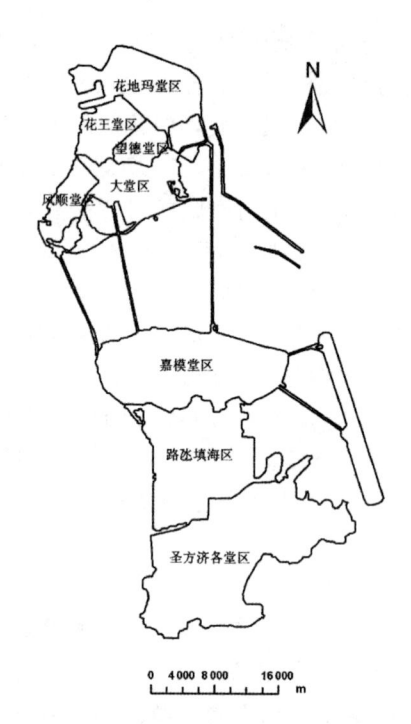

图 2-1 中国澳门特别行政区区划图

2. 圣安多尼堂区(花王堂区)

位于半岛西部，北接花地玛堂区，南连大堂区，东邻望德堂区，西邻内港。面积 1.1 km²。人口密度则为全澳之冠，每平方千米超过 100 000 人，包括沙岗、新桥、沙梨头等地，澳门著名的大三巴牌坊、大炮台、白鸽巢公园均在此区内。本区是澳门主要商住区和传统工业区，南部主要为商住区，中部为居住区，北部和东部是较高级的住宅区，工业场所混杂于商住区内。主要行业有造船、机器制造、食品加工、纺织、制衣等。

3. 望德堂区

位于半岛中部，人口比重与面积在半岛地区最小，只有 0.6 km²，而且约有 1/3 面积为东望洋山所占，人口密度仅次于圣安多尼堂区，居全澳第二位。该区包括荷兰园、塔石、东望洋山等，其北部和东部是高级住宅区，南部是商业区。

4. 大堂区

大堂区位于半岛东南部，有一狭长地带沿新马路和草堆街之间延伸至半岛西岸。大堂区通过大面积填海，成为澳门半岛面积最大的堂区，达 3.4 km²，人口比重和密度在半岛最低，是澳门地区的经济中心。区内东部是澳门历史最久的商业区，包括新马路、营地大街、草堆街、十月初五街等，中南部是近一二十年来迅速崛起的南湾中心商业区，在新马路东段、殷皇子大马路及与它们相交的南湾街一带，矗立起多座高层商业大厦，全澳20多家银行的总行或总办事处大多数都设在这里，还有各种各样的商业机构。这个地区是全澳金融、商业的心脏地带。本区东部是填海而成的大片土地，是发展中的新兴高级商住区，潜力甚大，东端是港澳码头。高级酒店也多集中于本区。南湾湖新海区使原来的南湾和西湾变成两个人工湖。两湖之间的填海区建成了高338m的澳门旅游塔。立法会大楼和终审法院大楼也建在南湾湖新填海区。该区西南端融和门附近是第三条澳氹大桥的起点。

5. 风顺堂区

风顺堂区位于半岛西南部，三面环水，是澳门的政治中心。该区是澳门开发最早的地区之一，面积为 $1 km^2$。北面沿新马路及其南侧街道是与大堂区相连的繁荣商业区的一部分，东岸是货运码头带，南段有澳门最大的集装箱码头，往内是作为旧海岸的河边新街，过去一直是渔船主要停泊地，因此鱼栏、海产品、船具和渔具供应店不少。再往内直至下环街之间是澳门第一批填海区之一，是个古老的工商业与居住混杂区。

南部是西望洋山和妈阁山，风光优美，山坡建有不少风格各异的别墅，是澳门的高级住宅区。东岸濒临南湾和西湾，堤岸是榕荫大道，向来是游人的好去处。东北部是澳督府、政府合署、市政厅等政府首脑机构所在地，可以说是澳门的行政中心。该区北部将发展为反映20世纪初火船头街一带繁盛风光的旅游区；南部则发展为以妈阁庙为中心的主题公园。

(二) 澳门离岛

1. 嘉模堂区

即氹仔岛，位于澳门半岛东南偏南方，面积为 $7.6 km^2$。东西向狭长形，形如一鲸鱼，东西有大潭山（又叫大氹山）、小潭山（又叫小氹山），中部为一大片淤积及填海而成的平地。其东面为海域，西面与广东省珠海市的小横琴岛隔海相望，北部有三座跨海大桥与澳门半岛相连，南部有路氹连贯公路与路环相通。进入20世纪后，区内商业、工业及娱乐博彩业发展迅速，五星级的凯悦酒店、新世纪酒店建于北部，北部的濠苑城和西北部的海洋花园等高级住宅区的高层大厦已拔地而起。澳门两所高等学府——澳门大学和澳门科技大学分别建在岛的北部和东部。西南部有赛马场，旁边建有大型运动场。东北部建有垃圾焚化炉。澳门地球物理暨气象台于1996年从半岛大炮台迁来大氹山。岛的东部有填海修建的国际机场，已于1995年通航。中部的大片平地已开发成商住区。2002年开始，岛上开始了一项为期三年的氹仔旧城区重整规划，对旧区各项设施进行改建和修葺，以步行区串联各景点，使之成为一个旅游休闲文化区。

2. 圣方济堂区

即路环岛，位于氹仔岛之南约 2 km，是澳门地区的最南部，面积7.6 km²，东面与南面均为广阔海域，西面与广东省珠海市的大横琴岛隔海相望，北部于 1965 年建成一条路氹连贯公路与氹仔岛相通，后因填海而与氹仔岛相连。岛上丘陵起伏，地势为全澳最高，平地极少，发展比较缓慢。过去以渔业为主，有一些船厂，近年在东北岸兴建了发电厂和水泥厂，位于该处的九澳港已投入使用。岛西填海而成的联生工业村是澳门的工业区。黑沙和竹湾两个优良海滩泳场分别位于岛的东南和南岸。随着全澳的发展，路环岛的发展也在逐步加快，区内以发展旅游度假业为主，是澳门的"市肺"。

(二)路氹填海区

也称为路氹城，处于路氹连贯公路西侧，成功将氹仔和路环两大离岛连成一片，2010 年面积为 6.0 km²，2013 年面积为 5.8 km²，大大舒缓了澳门城市建设用地短缺和人口压力的问题。路氹城作为澳门的新兴发展区域，吸引了大量博彩娱乐企业进入，城中金光大道已有威尼斯人度假村、新濠天地、银河大型度假酒店、澳门皇冠酒店等多家赌场、酒店进驻。澳门科技大学、东亚卫视影城、银河世界度假村、澳门东亚运动会体育馆综合体也建于路氹城中。路氹城将继氹仔岛之后发展成澳门的第二个卫星城镇。目前，该区不属于澳门行政区域的七个堂区的任何一个。在某些场合下，路氹城更被视为一个独立的堂区(表2.1)。

表 2.1　澳门各堂区的土地面积情况表　　(单位：km²)

堂区	花地玛堂区	圣安多尼堂区	望德堂区	大堂区	风顺堂区	嘉模堂区	圣方济堂区	路氹填海区
2006 年	3.2	1.1	0.6	3.4	1.0	6.5	7.6	5.2
2007 年	3.2	1.1	0.6	3.4	1.0	6.7	7.6	5.6
2008 年	3.2	1.1	0.6	3.4	1.0	6.7	7.6	5.6
2009 年	3.2	1.1	0.6	3.4	1.0	6.8	7.6	5.8
2010 年	3.2	1.1	0.6	3.4	1.0	6.8	7.6	6.0
2013 年	3.2	1.1	0.6	3.4	1	7.6	7.6	5.8

资料来源：澳门统计暨普查局

第三章　澳门资源环境生态特征

章前语

　　澳门在大地构造上属于华南及东南亚板块，在地质构造上属古华夏陆块，地形山势主要呈北东—南西走向；地貌类型主要是平地、台地和丘陵；地势低矮，起伏不大，总体上由北而南渐高；位于南部路环岛的叠石塘山是澳门最高峰，海拔172.4 m。澳门属于亚热带海洋性季风气候，常受台风和热带气旋的影响。澳门海区泥沙淤积旺盛，水深小；东部较西部水域深，南部比北部深，最大水深在路环岛东西两端；潮流基本呈现往复流性质，潮汐属不正规半日潮。澳门的土壤共分为五个土纲、八个土类、十一个亚类、十一个土属；植物区系种类组成丰富。澳门拥有全球瞩目的世界文化遗产，人工造地成绩显著。澳门的淡水资源贫乏，土地资源不足，矿产资源单一，社会治安不容乐观，环境压力日益增大。

　　自然环境直接影响一个地区社会经济的发展特点。本章重点介绍澳门的地质地貌、气候、水文、土壤、植被、资源、生态环境等特征[①]。

关键词

　　多字形地势；陆连岛；亚热带海洋性季风气候；填海造地

第一节　自然环境特点

一、地质地貌特征

(一)基本特征

　　澳门位于珠江三角洲的西南部，背靠大陆，面向南海，由澳门半岛及其南

---

① 本节中关于澳门的地质地貌、气候、水文、土壤、植被的内容，主要参考刘南威、何广才主编的《澳门自然地理》(1992)，部分图参考了黄就顺、邓汉增等主编的《澳门地理》(1993)和黄就顺先生撰写的《澳门地理》(2009)一书，在此致以谢意

面的氹仔岛、路环岛和路氹填海区组成，其基座均为花岗岩体。

澳门在大地构造上属于华南及东南亚板块，在地质构造上属古华夏陆块，地形山势的延伸主要呈华夏系的北东—南西走向，较明显的有三列：北列有东望洋山、大炮台山、西望洋山和妈阁山；中列是大氹仔岛、观音岩与小氹山；南列为石岭、叠石塘山、竹湾顶。三列山脉构成一个"多"字形走势，与珠江三角洲上的丘陵、台地以及沿海列岛的走向相同。这说明澳门的地质基础与邻区一致，深受华夏构造的影响。

澳门除澳门半岛北端有连岛沙坝与陆地相连之外，其他部分均受海水包围，2013年海岸线总长度为50.9 km，海岸线长度与面积比高达1.7，海洋作用明显，海洋气候背景下，化学风化强烈，加上物理和生物作用，厚层的红色风化壳覆岸地貌发育。此外，澳门地貌形成于燕山期花岗岩基础之上，这

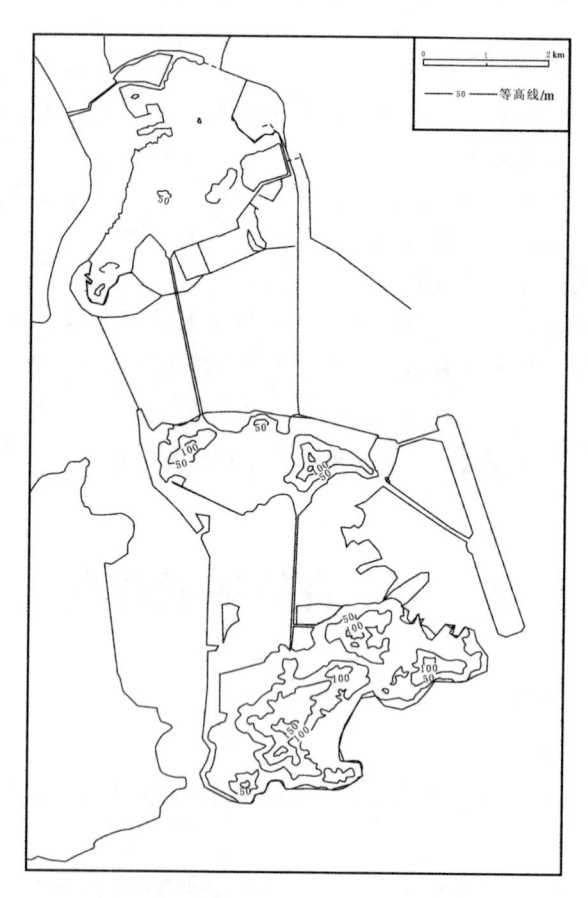

图3-1　澳门地形图(黄就顺，1993，有修改)

种岩石在湿热气候作用下，发育出厚层的红色风化壳，覆盖在丘陵和台地表面，使澳门地貌具典型的热带花岗岩红土丘陵地貌特征。

澳门地貌类型比较简单，主要由平地、台地和丘陵构成。澳门地势低矮，地形起伏不大，总体上地势由北而南渐高。北部澳门半岛最高为东望洋山，海拔91 m；中部氹仔岛最高为大氹山，海拔160 m；南部路环岛最高为叠石塘山，海拔172.4 m，是澳门最高的山峰。

(二)地貌类型及分布

澳门地势低平，地貌类型较简单。至2007年年底，澳门总面积29.2 km²。其中，平地20.4 km²，占总面积69.87%，主要分布在澳门半岛和路氹填海区；丘陵6 km²，占总面积20.55%，主要分布在南部的路环岛和中部的氹仔岛；台地仅1.2 km²，占总面积4.1%，为残存的古剥蚀面，主要分布在澳门半岛上的岗顶、白鸽巢公园、望厦观音堂后山、螺丝山以及氹仔岛的南端，海拔20~25m，面积虽然不大，但坡度均较小，故利用率较高。

1. 平地

澳门各类地貌中，以平地面积最大，达20.4 km²，平地内又因形态及成因不同而再分出低平地和缓坡地两亚类。

低平地海拔一般是2~5 m，地面平坦，利用率最高，它主要分布在澳门半岛和路氹填海区以及离岛的外围。低平地的组成物质，除了部分为海积物外，其余大部分都是人工堆积物。平地的增长主要是近100年来的人工填海，在1910~2008年的99年间，共增加面积18.26 km²。随着经济的发展和人口的增加，澳门填海造陆的需求越来越大，填海速度也在加快(表3.1)。

表3.1 澳门土地面积变化

年份	总面积/km²	澳门半岛	氹仔岛	路环岛	路氹填海区
1912年	11.6	3.4	2.3	5.9	—
1936年	13.8	5.2	2.6	6.0	—
1957年	15.1	5.5	3.3	6.3	—
1985年	16.9	6.0	3.8	7.1	—
1991年	18.1	6.5	4.0	7.6	—
1996年	21.3	7.7	5.8	7.8	—
1998年	23.6	7.8	6.2	7.8	2.0
1999年	23.8	7.8	6.2	7.6	2.2
2000年	25.4	8.5	6.2	7.6	3.1

续表

年份	总面积/km²	澳门半岛	氹仔岛	路环岛	路氹填海区
2001 年	25.8	8.5	6.2	7.6	3.5
2002 年	26.8	8.5	6.2	7.6	4.5
2003 年	27.3	8.7	6.3	7.6	4.7
2004 年	27.5	8.8	6.4	7.6	4.7
2005 年	28.2	8.9	6.5	7.6	5.2
2006 年	28.6	9.3	6.5	7.6	5.2
2007 年	29.2	9.3	6.7	7.6	5.6
2008(9 月)	29.2	9.3	6.7	7.6	5.6

数据来源：澳门统计暨普查局

缓坡地是平地与丘陵或台地之间的过渡性地貌，海拔在20 m以下，并且有2°～12°的倾斜。它主要分布在澳门半岛东望洋山西侧和氹仔岛的观音岩与大氹山之间。因为它位于丘陵或台地的坡麓，所以由较厚的坡积层和较粗的物质组成，主要是砂和砾石，其中夹薄层亚砂土和亚黏土层。

2. 丘陵

丘陵地在澳门占有重要的地位，面积达6 km²，在1991年前还几乎与当时的平地面积相等。主要分布在南部的路环岛，其次是中部的氹仔岛。构造上与其东面的九龙半岛、大屿山，西面的大横琴岛、小横琴岛、三灶岛、上川岛和下川岛等同属华夏式构造。显然，它们都是粤东莲花山脉及海岸山脉向西南延伸的部分，因受到西北向及北东向断裂作用而破碎下沉，高度也大为降低，成为如今的岛丘形态。另外，澳门丘陵地貌具有三大特色，即有着热带色彩的花岗岩丘陵形态、红土丘陵形态和层状地貌形态。

3. 台地

台地是剥蚀面的另一种表现形式，其地面切割度较小，故显得更加平坦缓和，只有轻微的起伏。它主要分布在澳门半岛上的岗顶、白鸽巢公园、望厦观音堂后山、螺丝山以及氹仔岛的南端等，海拔20～25 m，面积不大，因其高度和地面坡度均小，故利用率较高。

4. 海岸地貌

作为华南海岸的一部分，澳门海岸属于山地港湾类型。世界上山地港湾海岸可分为三种类型，即达尔马提亚型、里亚斯型和华南型。华南型海岸以中国闽粤一带为代表，它是由二组构造线，即北东向和北西向构造线相交截而成的海岸，所形成的港湾、半岛和岛屿既有与海岸线平行的，也有与海岸线斜交的，因此它既有利于沿海交通，又方便远洋和与内陆的往来，是世界上最优良的海岸类型。澳门海岸正好体现了华南型海岸的特点，如澳门半岛、氹仔岛和路环岛的走向是北东向的，与大陆海岸线大致平行，但另一些海湾，如南湾、石排湾以及契辛峡、夹马口、濠江上游等都是北西向的。澳门海上交通的便利与其海岸类型息息相关，目前由于水文因素的影响而使东、西海岸地貌发生较大的变化，东部海岸以侵蚀为主，西部海岸则堆积旺盛。

(三) 地貌区划

澳门地貌分为澳门半岛平地丘陵区、氹仔岛平地丘陵区、路环岛丘陵区和路氹填海区。

1. 澳门半岛平地丘陵区

据《广东通志》地图载，澳门半岛于1637年已有连岛沙堤与大陆连接。但青洲直至1899年仍为海中孤岛，直到1912年才有沙堤与半岛相连。

半岛地貌以丘陵、台地为骨架，四周平地围绕，面积共 9.3 km^2。其中以平地面积最大，丘陵次之，台地最少。本区丘陵高度不大，最高的东望洋山海拔不过91 m，其余丘陵高度大部分在海拔50～75 m之间。丘陵顶面起伏和缓，如东望洋山、西望洋山、妈阁山等，多成为风景区。本区台地高度小，海拔仅20～25 m，呈低矮的岗陵状，如岗顶、白鸽巢公园、螺丝山和观音堂后山等。台地上花岗岩石蛋累累，大者直径1～3 m，如海镜石、贾梅士石洞附近石蛋等都成为特殊的景观。台地风化壳较厚，具有红土地貌特色。与之相比，丘陵风化壳薄，有些山顶及山坡露出了基岩。

澳门半岛由丘陵和台地所构成的地貌格局如杓状，杓口位于半岛中部，向西北敞开，并向筷子基方向倾斜。它的四周由白鸽巢公园、大炮台山、东望洋山、螺丝山和莲花山包围，暴雨时，雨水顺地势倾斜向望厦、新桥一带汇集，然后注入筷子基湾。杓炳横亘在半岛的西南，由岗顶、西望洋山和妈阁山组成。半岛的交通，因受丘陵的阻隔，南北来往便利但东西受阻。

2. 氹仔岛平地丘陵区

氹仔岛面积 6.8 km^2，与北面的澳门半岛相隔 4 km 海域，自1974年、1994年、2005年分别建成澳氹大桥、友谊大桥、西湾大桥后，它与澳门半岛的往来变得十分便利。

目前，平地是氹仔岛面积最大的地貌类型，共有 4.939 km^2，占该岛面积的74%，分为三片区：①中部片区——在大、小氹山之间，面积最大，包括西沙、计划建设的濠苑城、赛马车场以及地堡街等地；②东北部片区——由北安至鸡颈；③西部片区——为兴建中的海洋花园。

丘陵是氹仔的第二大类地貌，以东部的大氹山为最高，达 160 m；西部小氹山次之，为 112 m；最矮的是观音岩，仅 60 多米。丘陵上存在 110 m 和 150~160 m 的剥蚀面。因为丘陵集水面积不大，加上花岗岩裂隙蓄水量不多，所以当地地表水和地下水都很缺乏。

氹仔的滩涂面积不小，约 3.4 km²。大氹山的海岸除东、东南岸外，其余均被滩涂包围，南部滩涂直连路环岛。这是因为澳门地处珠江口西岸、西江出海口的不远处，江河刚在这里入海，水流速度骤减，携带的泥沙迅速沉积下来，滩涂由此堆积而成。

3. 路环岛丘陵区

路环岛面积 7.6 km²，仅次于澳门半岛，地貌种类较多，除丘陵外，还有平地、海滩、沙堤和干潟湖平地等。其中丘陵面积最大，占全岛 80%；其次为平地，占 15.2%。路环岛的丘陵高度全澳最高，最高峰为叠石塘山，海拔 172.4 m。

路环岛的丘陵有明显的二级剥蚀面，高度分别为 110~130 m 和 150~180 m。剥蚀面坡度较小，一般在 12°以下，所以山顶剥蚀面的利用比山坡容易。另外，路环岛丘陵风化壳较厚，一般在 5 m 以上，故红土地貌发育。在植被覆盖少的地区，如九澳水库的东、南部山坡以及九澳村南部山坡，片蚀和沟蚀现象都比较显著，有些地方已发育出深逾 2 m 的沟谷。

4. 路氹填海区

路氹填海区位于氹仔岛和路环岛之间，是一块填海而得的土地，面积 5.8 km²。

二、气候特征

(一)总体特征

澳门属于亚热带海洋性季风气候，年平均气温较高，降雨较丰富，且干、湿季明显，雨热同期。具体而言，澳门年辐射总量为 $5\,288\times10^6$ J/m²，热量资源丰富。年平均气温为 22.4℃；月平均气温最低值出现在 1 月，月平均气温最高值出现在 7 月。全年基本无霜冻，≥10℃的积温超过 8 000℃。年降水量达到 2 133.4 mm，降雨年际变化较小。相对湿度较大，平均达 79.3%，且年内变化不大。亚热带海洋性季风气候特征明显(图 3-2、表 3.2)。

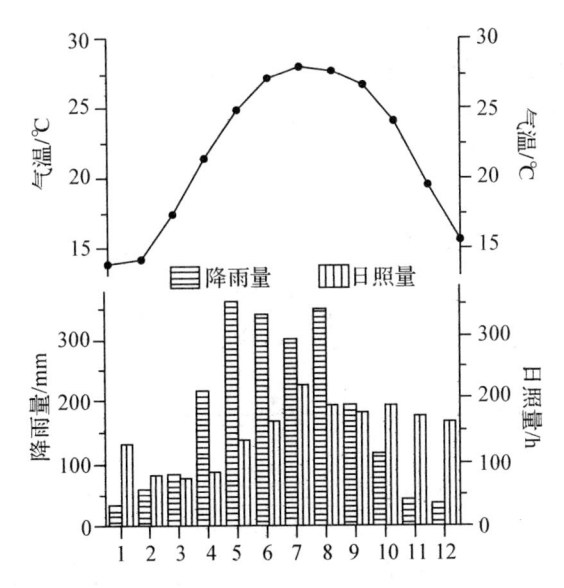

图 3-2　1971~2000 年澳门各月气象数据
（根据澳门统计暨普查局数据绘制）

表 3.2　澳门 30 年气象要素统计(1971~2000 年)

月份	气温 平均最大	气温 平均	气温 平均最小	平均相对湿度/%	日照时数	降雨量 总计/mm	降雨量 天数/d	风 盛行风向	风 平均速度/(m·s^{-1})	雷暴天数/d	雾天数/d
1月	17.7	14.8	12.2	74.3	132.4	32.4	5.8	N	13.7	0.1	1.6
2月	17.7	15.2	13.1	80.6	81.8	58.8	10.2	N	13.2	1.1	3.1
3月	20.7	18.2	16.2	84.9	75.9	82.7	11.8	ESE	12.1	2	7.6
4月	24.5	22.1	20.2	86.2	87.8	217.4	12	ESE	11.8	4.6	5.1
5月	28.1	25.5	23.3	85.6	138.4	361.9	15	ESE	12.1	6.9	0.7
6月	30.3	27.7	25.7	84.4	168.2	339.7	17.3	SW	12.2	8.3	0.1
7月	31.5	28.6	26.3	82.2	226.2	300	15.9	SW	11.9	9.4	0.1
8月	31.2	28.3	26	82.5	194.7	351.7	16	SW	11.2	10.7	0
9月	30	27.3	24.9	79	182.2	194.2	12.7	ESE	12.8	5.9	0
10月	27.4	24.7	22.3	73.4	195	116.9	7	ESE	14.9	1	0.1
11月	23.4	20.4	17.8	69.3	177.6	42.6	5	N	14.8	0.1	0
12月	19.6	16.5	13.8	68.8	167.6	35.2	4.5	N	14.1	0	0.4
全年	25.2	22.4	20.2	79.3	1828	2133.4	133.2	ESE	12.9	50.1	18.9

资料来源：澳门统计暨普查局

(二)总辐射量

澳门是华南地区太阳辐射资源较丰富的地方之一。根据澳门气象台1975～1984年的观察资料,平均年总辐射量为 $5\,288\times10^6\,J/m^2$,比香港的 $5\,421\times10^6\,J/m^2$ 略低,但明显比中山 $4\,777\times10^6\,J/m^2$ 和广州 $4\,480\times10^6\,J/m^2$ 的年总辐射量高。

(三)气温

澳门年平均气温为22.4℃,月平均温度在22℃以上的月份多达7个月,冬短夏长;大多数年份会有5℃以下的寒冷天气,但一般维持时间很短。澳门1月平均温度为14.8℃,七月平均温度为28.6℃(图3-2),气温年较差和日较差均较小,前者为14.1℃,后者为5.2℃。

(四)降雨

澳门的降水具有雨量丰沛,干、湿季分明的特点。根据世界气象组织30年平均数据标准,1971～2000年,澳门年降雨量平均超过2 000 mm,达到2 133.4 mm。在季节分配上,每年4～10月是雨季,月平均降水量268.83 mm,尤以5月雨量最多,平均达361.9 mm;而11月到次年3月为少雨季节,月平均降水量50.34 mm,其中又以1月份雨量最少,平均仅为32.4 mm。此外,澳门降水还具有强度大的特点。一年中,5月、6月的暴雨次数最多,7月、8月则多大暴雨和特大暴雨。在降水和气温的配合上,属于雨热同期。

(五)风向

澳门常年盛行风向为东东南和东南,频率分别为16.8%和11.6%;其次是北风和北西北风,频率分别为10.2%和10.0%。一年中各月的盛行风向随时间的推移产生有规律的变化:11月到次年2月刮强劲的北风,3～10月盛行偏南风。

(六)湿度

澳门的相对湿度和绝对湿度都很大。年平均相对湿度为80.5%,比香港的78%、广州和深圳的79%稍微高些。各月相对湿度变化于71%～87%之间,变化较小,深受海洋的影响。

(七)热带风暴与台风

澳门常受台风吹袭,台风季节为每年5～10月,其中7～8月是台风吹袭最多的月份,深受影响。据统计,在1955～1984年的30年间,中心距离澳门100海里以内的台风共63次进袭澳门,平均每年2.1次,1980年最多,达一年8次,次多的是1964年,进袭了5次。

澳门还深受热带气旋的影响。如果把澳门受台风影响的次数加上受热带气旋影响的次数,则30年内共有196次,平均每年为6.5次。一年中热带气旋、台风活动的时间为 5～12 月，其中 6～10 月最多，占总数的 93.6%。1953～1998 年期间，热带气旋在澳门 400 海里内(740 km)并导致澳门需要悬挂风球的热带气旋共有 283 个。

(八)秋季的灰霾天气

在珠江三角洲城市群上空长期稳定存在"亚洲棕色云"，我国学者称之为灰霾天气。灰霾的严重程度与 PM_{10}（粒径小于 10 μm 的气溶胶）浓度成正比。2001～2004 年，珠江三角洲年灰霾天数明显增加。2004 年 9 月 26～30 日，在珠江三角洲出现了灰霾天气，位于西岸的澳门也无法幸免于难。特别是在 9 月 28 日，污染指数最高的澳门地区，根据观测，其最低能见度仅为 3～5 km，按照灰霾指数与警报分级表的划分属于重度灰霾天气。

(九)冷月的极端事件

热带和亚热带地区对冷月的极端事件都特别敏感，如中国 2008 年春初的寒潮使出行受阻并危及生命，给中国经济带来了巨大的损失，引起全国关注。从 1908～2008 年广州、香港、澳门和澎湖气象站 2 月平均气温序列可以发现，100 年来，广州、香港、澳门和澎湖 2 月分别发生极端天气事件 21 次、20 次、16 次和 24 次。澳门虽然发生极端天气事件的次数少于华南其他三个站，但仍不能不重视(表 3.3)。

表 3.3　澳门和华南沿海城市极端天气事件发生频率(陈特固，时小军，余克服，2008)

年代	广州	香港	澳门	澎湖
20 世纪 10 年代	0	0	0	3
20 世纪 20 年代	1	1	1	1
20 世纪 30 年代	2	1	1	0
20 世纪 40 年代	3	2	2	2
20 世纪 50 年代	1	1	2	2
20 世纪 60 年代	4	4	4	3
20 世纪 70 年代	2	3	2	6
20 世纪 80 年代	1	2	2	1
20 世纪 90 年代	3	2	0	2
2000～2008 年	4	4	2	4

(十)历史气候变化和海平面升降

全球气候变化中一个广受关注的事实是全球变暖和海平面上升。据相关研究，近百年来香港的年均温上升了 0.5℃，澳门上升了 0.62℃，广州和汕头分别上升了 0.61℃ 和 0.43℃。澳门的升温表现为最低气温的明显上升，且春季增温幅度大于冬季，这与全国大多数地方不一致。澳门和香港的海平面在 72 年中(1925~1996 年)的上升速率是每年 1.8±0.1 mm，这个速率被认为是华南沿海理论海平面的上升速率。

三、水文特征

澳门海区水文特征深受人工填海造陆的影响。自 20 个世纪 50 年代末开始，珠海一侧的大横琴岛、小横琴岛之间开阔的水道因人工填土和天然淤积，在修建堤闸后收窄到只有 20 m 宽的河涌。而澳门两个离岛——路环岛和氹仔岛之间开阔的海域也在 20 世纪 50 年代末开始修筑连贯公路；进入 90 年代，两岛之间更进行了大规模的填海造陆，导致其间的水域基本消失，路氹填海区的面积到 2013 年已达 5.8 km^2。如今在上述四岛之间仅留的宽约 900 m 的楔幸峡，成为海水进出"十字门"海区的唯一通道。

除此之外，澳门西侧还受磨刀门河流和潮汐的影响，东侧又受珠江口水流和南海海流的影响，水流的冲刷、输沙和沉积作用，使得澳门海区水文变得比较复杂。

(一)海区水深特征

总体上，澳门海区水深浅，东部较西部深，南部(路环岛以南)比北部深，最大水深在路环岛东、西两端。

上述特征在澳门海区水深分布图(图 3-3)上清晰可见：除路环岛的大氹角附近海域和夹马口外，水深一般不超过 4 m，绝大部分在 2 m 以下；2 m 等深线几乎包围了整个半岛和氹仔岛至路环岛之间的整个海域。此外，东部等深线较西部疏，呈南北走向，大致与澳门东岸平行；并且 2 m、3 m 等深线在路环岛之大担角附近岸边相交，这说明澳门东部海域北段水深坡度比南段小，北段(澳门半岛)水深坡度只有 6/10 000，南段(氹仔岛)水深坡度达 16/10 000。

0 m 等深线主要分布在半岛的南湾、黑沙环海湾和青洲附近，以及整个"十字门"和氹仔岛北部沿岸。等深线 0 m 以下的浅海域，无论是在低潮位还是在高潮位，滩面基本都难于出露。因此，在等深线 0 m 以浅的近岸已进行多处填海造陆活动。1991~2007 年年底，氹仔岛周围填海造陆新增土地 3.8 km^2，路氹填海区新增 5.8 km^2。在上述填海造陆活动中，除澳门国际机场外，基本上都由等深线 0 m 的浅海海域填海造陆而成。

澳门海区最大水深在路环岛的东、西两端，它们的形成原因不相同。东

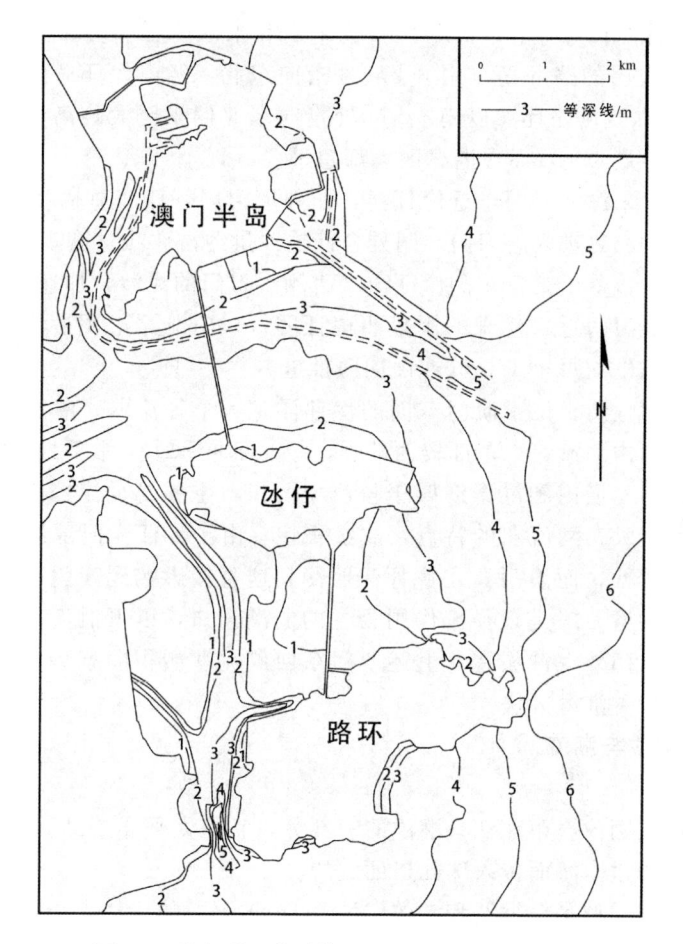

图 3-3　澳门附近水域等深线图（黄就顺，1993）[29]

端大担角为海岸岬角地形，波浪作用强烈，岸边基岩裸露陡峭，离珠江河口较远，外来泥沙少，且海流冲刷带走一部分泥沙，使近岸海区水深变化不大，近岸水深 2~3 m，离岸不远已达 4 m 以上，澳门计划在此处兴建深水港。西端是路环岛与大横琴之间的夹马口，地形上为一峡谷（海峡型），宽度最窄处只有 200 m；由于两岸相近，水流湍急，海底常受到水流强烈冲刷而浚深，最深处达 5.7 m，是澳门海区水深最大处。离开了夹马口，水深又复变浅，只有 1~2 m。夹马口历来为路环岛与大横琴岛之间的交通要道，附近设有码头和海关，经常有渡船运载旅客和货物。

澳门海区水深浅、泥沙淤积旺盛、滩涂发育的原因主要有三个方面。

一是地理位置。澳门位于伶仃洋与磨刀门之间，地处珠江河口八大口门前沿中段，深受伶仃洋和磨刀门两口门来水和来沙的影响。珠江口 5 m 水深线的走向由澳门的路环岛以南 3 km 处指向东北，经内伶仃岛南面至赤湾方向；10 m 水深线从路环岛以南 9 km 处指向东北偏东至大屿岛方向，造成澳门海区水深不足 4 m，而香港海区大都超过 5 m 以上。

二是泥沙来源。澳门东近伶仃洋，西邻磨刀门，珠江总输沙量的 55% 注入伶仃洋，25.5% 进入磨刀门，两处合计输沙量约占珠江总输沙量的 80.5%。澳门海区同时接受了来自东侧伶仃洋、西侧磨刀门的泥沙，加速了海滩形成，水浅日甚。磨刀门近百年来的围垦历史证明，口门滩涂淤积最快，以致珠江三角洲西岸以平均每年 150 m 速度向海推进。

三是海湾性质。位于澳门东面的伶仃洋是一个径流弱、潮流较强的潮流型河口湾，湾内潮流势力东部较西部强，故东部淤积小，水下地形变化不大；而西部的蕉门、横门和洪奇沥属于径流型河口，主要受径流控制，泥沙来量大，具有径流大、潮流弱的特点，故淤积快。由于伶仃洋西部淤积延伸方向是不断向南偏西，而澳门又在伶仃洋西侧，这直接影响到澳门东部海区。位于澳门西面的磨刀门是以径流作用为主的弱潮河口，以下泄流为主，潮流流速慢，利于口门外泥沙淤积。上述澳门东西侧泥沙淤积的态势，造成澳门海区成滩速度较香港海区快。

(二) 潮汐与潮流

1. 潮汐

澳门海区潮汐属于珠江口潮汐的一部分，它是太平洋的潮波经巴士海峡、巴林塘海峡越过南海而传入珠江口而成的。

河口潮汐类型是根据调和常数 $(H_{k_1}+H_{O_1})/H_{M_2}$ 的比值大小来判断的。比值小于 0.5 属于规则半日潮，比值介于 0.5～2.0 为不规则半日潮，2.0～4.0 为不规则全日潮，大于 4.0 为规则全日潮。根据这个方法计算，则珠江口各口门海区的比值均在 0.94～1.77 之间，属于不规则半日潮。其潮汐变化的特点是，在一个太阴日 (24 小时 50 分钟) 内出现两次高潮和两次低潮，相邻的高 (低) 潮的潮位和潮时都不相等。澳门海区表层盐度一天出现两高两低日变化的现象足可证明珠江口海区属于不规则半日潮这一结论。

澳门海区位于珠江口的湾口部位，具有潮差较小而日潮不等的特点。涨潮最高平均潮位 (高高潮) 为 2.74 m，涨潮最低平均潮位 (低高潮) 为 2.03 m，落潮最高平均潮位 (高低潮) 为 1.76 m，落潮最低平均潮位 1.11 m (低低潮)，平均高潮差为 1.63 m，平均低潮差为 0.27 m，平均潮差为 0.95 m (以珠江基面计算，珠江基面高于澳门平均海平面 0.11 m)。这样的潮差比香港海区略小 (香港海区平均潮差为 1.11 m)，比伶仃洋口湾内各站平均潮差小得多，而比磨刀门口湾稍大。

潮波进入珠江口后，由于受到口湾边界条件、水深、径流、潮流的影响，潮波向湾顶推进过程中发生变形，前坡不断缩短，后坡不断加长，导致涨潮历时比落潮历时短，而口外却是涨潮历时比落潮历时长。澳门涨潮历时比落潮历时长，与珠江口外情况相似，而与口内各站情况完全相反。

澳门海区涨潮历时大于落潮历时的原因是复杂的：一是地理位置特殊，处于珠江口两口湾之间前沿，水面开阔，落潮流散开顺畅；二是伶仃洋与磨刀门方向来水时间有先后和强弱，涨潮时受来水顶托，历时较长；三是洪湾水道涨潮时西口比东口早，涨落潮流向和流速较特殊；四是海区水浅，潮波在传播过程中受海底摩擦影响，使涨潮缓慢。

澳门潮汐的月和年周期变化特点是：在朔、望月中，潮汐随着朔、望周期的变化，呈现由大潮到小潮，再由小潮到大潮的月变化规律；大潮一般出现在朔、望日后1～2天，小潮出现在上弦和下弦日后1～3天；洪水季节滞后时间比枯水季节略长。据统计，澳门大潮时潮差一般在2～3 m，小潮时只有0.7～1.8 m。虽然月球引潮力是太阳引潮力的2.19倍，但太阳引潮力对海水潮汐现象的影响也不能忽视。在一个回归年中，春分（3月21日）和秋分（9月23日）前后潮差比夏至（6月22日）和冬至（12月22日）大。当春分和秋分日遇上朔、望时，大阳潮与太阴潮的潮峰和潮谷最为接近，往往产生"特大潮"，潮差可达3 m；而夏至和冬至遇上上弦或下弦时，却出现"特小潮"，潮差只有1.7 m以下。

2. 潮流

潮流是指海水受日、月引潮力作用下而产生的水平运动。潮流的运动形式，按其流向可以分为两种类型，一种是发生在开阔外海，在一个潮汐周期中，潮流矢量（流向、流速）近似一个椭圆，称为回转流，是潮流运动的基本形式，珠江口外潮流多属于这种形式。另一种是发生在狭窄海区、海峡和河口区，潮流流向只有往复两个方向，称为往复流，珠江口内主要为这种类型的潮流。珠江口内潮流主要流向为西北—东南向，即涨潮流向西北，落潮流向东南，转流时作顺时针旋转，最大流速超过1节[①]。

澳门海区潮流比较复杂，属于珠江口内潮流的一部分，基本呈现往复流性质，但由于受到海陆轮廓和伶仃洋与磨刀门海区潮流影响，海区各部分潮流的表现有所差异。澳门东部海区潮流，涨潮流向为偏西北，落潮流向偏西南，涨潮平均流速约42 cm/s，落潮平均流速约46 cm/s。澳门西部海区潮流

---

① 速度单位，1节=1海里/小时=1 nmle/h=1 852 m/h

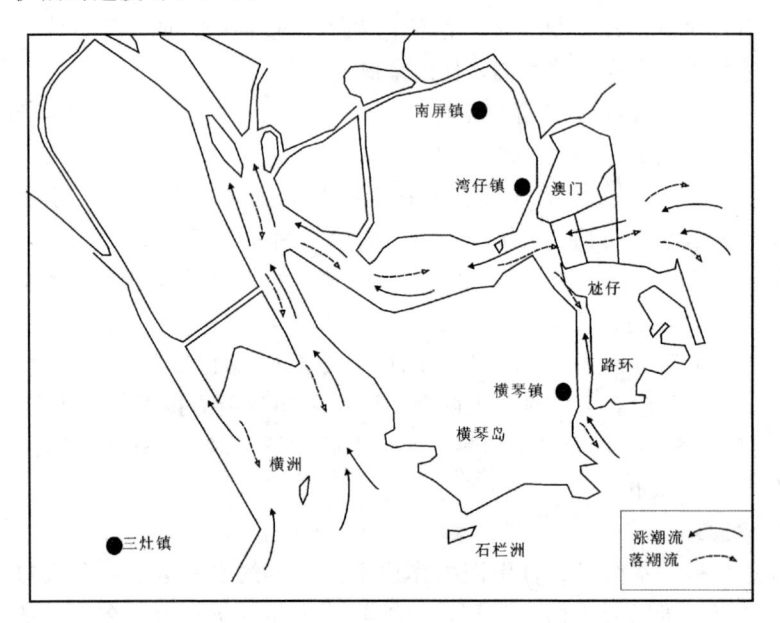

比较特殊，流向不像一般口门潮汐汊道那样呈规则地往复流，而是以流态多变为特点。据洪湾水道实测资料，从平均流向看，在大潮和小潮时，潮流基本向东流，而中潮时却向西流；从潮流流速看，不论汛期或枯水期，东口和西口表层的落潮流速均比涨潮流速大。另外，由于中心沟修堤建闸，加上路氹连贯区填海造陆，改变了"十字门"海域的涨、落潮流流向和流速，目前只有狭窄的夹马口和北部的契辛峡成为水流通道，潮流进出不畅引致"十字门"海域潮流流向不集中，流速较慢，局部形成"环流"状态，加速了该地海水带来泥沙扩淤的速度(图3-4)。

图3-4　澳门海区潮流示意图(刘南威，何广才，1992)[109]

(三)海浪

海浪(波浪)是指海水的波动现象，它的形成是海水受到各种外力(如风、气压、潮汐、地震和行驶轮船等)作用的结果。一般常见的海浪是风浪和涌浪。由当地常风作用引起的海面波动称风浪。风浪的形成需要一定的风力(用风速来表示)，据经验统计，0.7~1.3 m/s的风速为临界风速。但有时当地无风或风速很小时，仍可见到波浪，这种波浪是由外海区传来的，称为涌浪。澳门海区的海浪大部分属于涌浪，其次是风浪，其变化也较复杂。

珠江口近岸海区终年都有海浪，其出现频率很高，无浪时间很少，无浪率平均不足1%。海浪以涌浪为主，涌浪年平均波高1.8 m，平均最大波高为8.2 m。风浪年平均波高1.2 m，平均最大波高8 m。这说明珠江口涌浪比波浪强烈。从波向看，涌浪以东向为主，其次是南向和东北向；风浪以东北向为主，其次为南向和东向。

澳门缺乏完整的海浪实测资料。澳门在珠江口之西南，因此可借用珠江口海区的海浪来揭示其特征。据澳门西南约50 km的荷包岛站波浪实测资料统计，在海浪组成中，涌浪出现频率占全年海浪的67%，而风浪占33%，海浪的强度和波向，主要取决于季风强弱和风向，在季风的影响下，海浪主要传播方向也随着季节的转变而变化。涌浪波向在全年12个月中，除7月、8月两个月主要为南向外，其余都是东南向；风浪波向较为复杂，从10月至次年5月都为东北向，6月、7月是南向，而东向和西南向分别只有一个月。涌浪多出现东南向的原因主要是由于珠江口外盛吹偏东风，在外海涌浪向珠江口传播的过程中，因为水深变浅，波浪发生折射，涌浪转变为东南向。

另外，台风对海浪作用强烈，常能掀起巨浪。珠江口台风主要出现在5～11月，尤以7～9月为甚，这三个月内，台风浪的出现频率占全年台风浪的72.5%。台风过程中出现的浪向多为东至东南，其波高可达数米，香港1976年9月19日台风测得最大有效波高7.1 m。台风浪是对海岸地区的最大威胁，常常造成生命财产损失。位于珠江口西沿的澳门，正对着珠江口海浪主要传播方向，是偏东向海浪首当其冲之处，致使澳门东部海岸多成岬角和陡崖，其海浪作用高度可达4～5 m。位于澳门半岛东部的外港，虽航运方便，却常受风浪袭击，因此在港外筑有规模颇大的防波堤，以保港口；至于在半岛西部背风部位的内港，则风静浪小，成为船舶良好的避风港。另外，偏东海浪常掀起海底的泥沙直输澳门海区，对其海区淤浅也起着一定作用。

四、土壤特征

(一) 土壤分布规律

澳门土壤分布受地形、母质、水文等条件的影响比较明显。

在路环和氹仔岛丘陵区，受母质和坡度的影响，丘陵顶部和山脊残积风化壳上发育的土壤多含巨大石砾，土层浅薄；山坡和山麓的坡积物和冲积物上发育的土壤，土层较厚。总体上，从山顶至山麓，土壤分布规律是：酸性粗骨土—赤红壤—滨海沙土、滨海潮滩盐土或含盐性硫酸盐土；水土流失严重的地方分布着赤红壤性土。

在路环东南部，由于岬角地形影响，在海水风浪作用下，形成了宽广的弧形黑沙湾，潮间带上分布着滨海黑沙土、滨海沙土，在沙堤上分布着滨海红砂土，沙堤内的潟湖分布着沼泽土等。

氹仔岛东部的大氹山和西部的小氹山由滨海沉积物连接起来，成为东西高、中间平坦的地形，土壤分布规律由东至西为：粗骨土—赤红壤性土—赤红壤—菜园土—人工堆叠土—赤红壤—赤红壤性土—粗骨土—堆叠土—滨海潮滩盐土。

路氹连贯公路堤内侧受西江冲积物和潮汐涨落影响，分布着潮滩盐土和含盐性硫酸盐土，高潮线上分布酸性硫酸盐土，这部分土壤已被填埋为建设用地，成为人工堆叠土；而路氹连贯公路堤外侧因受海河沉积物影响，分布着滨海沙土和滨海潮沙泥土(图3-5)。

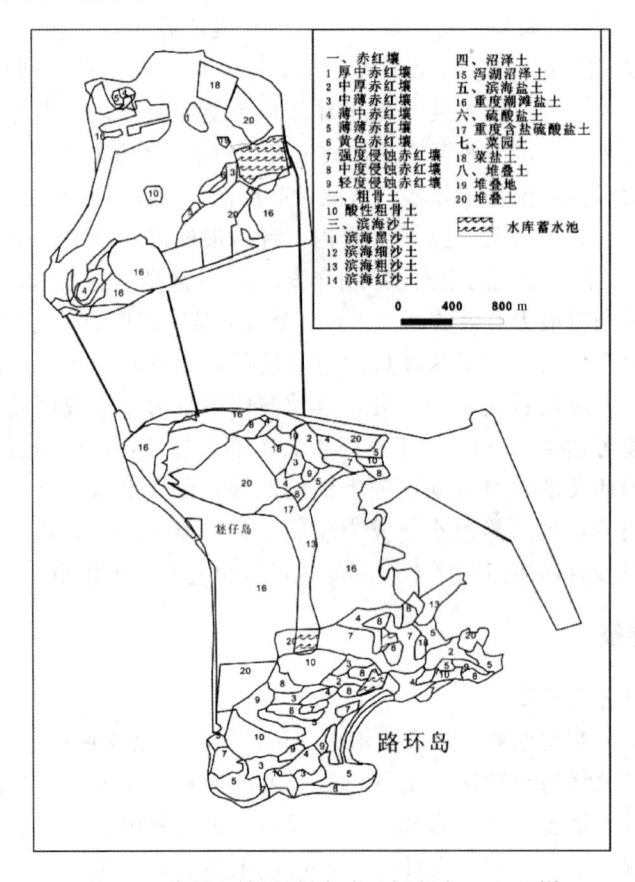

图 3-5　澳门土壤图(刘南威，何广才，1992)[138]

地形走向对澳门土壤的理化性状亦有一定的影响，例如，北东—西南走向丘陵的向风坡和背风坡，受海风影响的强弱不同，土壤盐分含量和pH亦有差别，一般是向风坡含盐量和pH较高，而背风坡则相对较低。

(二)土壤类型及特征

根据第二次全国土壤普查汇总的中国土壤分类系统，澳门的土壤共分为五个土纲、八个土类、十一个亚类、十一个土属，土属以下未进行划分。

1. 赤红壤

赤红壤可分为赤红壤和黄色赤红壤、赤红壤性土三个亚类、三个土属，九个土种。

(1) 赤红壤

赤红壤又称砖红壤性红壤，集中分布在路环岛、氹仔岛的山丘上，在澳门半岛则分散在东望洋山、西望洋山、青洲、望夏山等山丘上，是本地区分布最广和占面积最大的一类土壤。坡度在 20°～40°之间，成土母质为花岗岩风化坡积物，地表多砾石，植被为马尾松、樟树、鸡血藤、谷木灌丛、人工种植或次生植被等。

(2) 黄色赤红壤

主要分布在东望洋山西坡，植被为榕树、樟树林，如东望洋山西坡近沟谷的地方，坡度 30°，成土母质为花岗岩风化坡积物，地表多为巨大石块，岩石裸露强，林下阴暗潮湿。

(3) 赤红壤性土

主要分布在路环中部九澳水库周围，路环东部和西部丘陵上部和南坡、大氹山、小氹山等分布比较广。

在路环九澳水库周围、叠石塘山，以及大氹山、小氹山的南坡分布有强度侵蚀赤红壤性土。其植被以稀疏马尾松为主，成土母质为花岗岩红色风化壳，表土层已被流失殆尽，底土层出露。

2. 酸性粗骨土

酸性粗骨土主要分布在路环的西部、北部石场附近，九澳水库周围，大氹山东南坡和小氹山西坡和北坡。酸性粗骨土的形成有三种情况：一是由残积风化壳而成。二是由赤红壤遭受严重侵蚀，使土体剥蚀殆尽而成。剖面为 A—C 或 A—AC 构型，在薄薄的 A 层以下为不同厚度的松散碎屑石砾组成的风化岩石层，土体中 >1 mm 砾石含量在 35% 以上。此外，有些山麓或谷地由于冲积洪积时间比较短，土体 B 层未很好发育，或在 A 层之下即为半风化物冲积坡积物。三是残积风化壳或赤红壤受严重水土流失所成。这种成因的粗骨土往往岩石裸露，植物难以生长，几为不毛之地，土壤因有机质、地化元素氮、磷、钾等含量非常低而十分瘦瘠。一些山麓新冲积坡积地所成的粗骨土，由于芒萁等草本植物或人工种植的台湾相思、马尾松等生长，表土层土壤肥力得到极大的提高。有的由于草本植物半腐解物质多而使土壤有机质含量很高。

3. 滨海沙土

滨海沙土是指沿海岸沙质堆积发育而成的土壤，澳门诸岛均有分布，其中澳门半岛分布最广，其次为路环的黑沙湾、竹湾、氹仔。滨海沙土是可以改造利用而潜力不小的土壤资源，目前澳门大多数滨海沙土如黑砂湾、竹湾等已建设成为旅游观光、沐浴的场所。澳门的岛屿、呷角地形发育，造成局部静风堆积条件，有利于滨海沙滩、沙堤发育形成潟湖。

滨海沙土是西江河流带来的冲积物及近岸和岛屿地表径流的运积物等，在潮汐、波浪、风力分选堆积作用下，使沙质在水深较浅的沿岸堆积而发育成的。沙泥不断堆积，使岛屿周围变浅，海浪又把沙堤加高到高潮面，退潮或低潮高出海面部分的沙粒脱水干燥，风力吹扬向岸堆积，形成沙丘或沙垅。随着时间迁移，滨海沙质堆积物不断发育，继而植物生长，土色逐渐变暗，土壤肥力不断提高，有的经过种植成为沙质地。

(1) 滨海黑沙土

主要分布在路环黑沙湾潮间带，成土母质为滨海沉积物，无植物生长，目前呈光滩状态。

(2) 滨海沙土

包括滨海粗沙土和滨海细沙土两个土种。主要分布在澳门半岛，但澳门半岛的沙土多已做建设用土。此外，在路环黑沙湾黑沙土的上部、路环竹湾等海拔1 m以下的地方，以及路氹连贯公路东侧等岛屿周围等局部地区有零散分布。

(3) 滨海红沙土

目前只在路环黑沙湾有发现，如黑沙湾西部沙堤顶内侧，海拔5 m，成土母质为滨海沙积物，沙堤顶部早已脱离海水直接影响，开始进行脱盐作用，土壤层次开始分异，由于风化淋溶和海风吹扬作用，土壤机械组成有很大变化，质地由粗变细，<0.01 mm物理性黏粒含量大大增加，<0.001 mm黏粒含量达到10%以上，并有黏粒向下淋溶淀积现象。目前已种植木麻黄并已成林，沙堤内侧有鼠刺草、蟛蜞菊等生长。

4. 滨海盐土和硫酸盐土

滨海盐土是指退潮后露出海面的海涂土壤，位于海陆之间的过渡地带，即在潮间带及潮上带，是常受海陆作用而不断向海增长的土壤资源，是澳门填海造陆、水产养殖、捕捞的重要场所。具体来说，澳门滨海盐土主要分布在路氹连贯公路的东、西侧，仅路氹连贯公路西侧估计面积有五千亩[①]以上；

---

① 1亩=666.67 m², 下同

此外，在氹仔与澳门半岛之间、澳门与湾仔间也有大片分布。

(1) 滨海潮滩盐土

滨海潮滩盐土也称滨海潮间盐土或滨海泥滩，目前尚无高等植物生长，仍属于海涂淤积的滨海盐渍沼泽地，土体处于高度还原状态。目前，有些地段已用作养蚝等，但大部分仍是荒滩。

(2) 含盐性硫酸盐土

含盐性硫酸盐土又称滨海林滩土，主要分布在路氹连贯公路西北侧，氹仔跑马场外侧亦有成片分布。目前红树林正沿着路氹连贯公路西侧向南伸展生长，红树林滩所形成的土壤有两种主要类型：一是酸性硫酸盐土，另一种是含盐性硫酸盐土。

5. 沼泽土

沼泽土是一种受地表水或地下水浸的土壤。澳门的沼泽土零星分布在路环低丘间的洼地或沟谷出口低地，黑沙湾红沙堤内侧的潟湖等，多为季节性地表沼泽土，分布面积很小。澳门沼泽土土层一般不深厚，沼泽化程度不深，有机质的泥炭化和矿物质的潜育化过程不典型。

6. 菜园土

澳门菜园土只有一个菜地土种，主要分布在澳门半岛北部；其次，氹仔中部的卓家村、三家村，路环的九澳村、黑沙湾村、麻鹰洞北部等零星分布于村边及丘陵坡脚，主要种植蔬菜等。

菜园土的成土母质主要为滨海沉积物、冲积洪积物或坡积物，经人工长期栽种蔬菜发育而成，土体剖面与原生母土和施肥、耕作有密切关系。澳门的菜园土的耕作时间都不长，因此，熟化程度比广东珠海市的菜园土低，而且肥力都不高。

7. 堆叠土

澳门的人工堆叠土，按照利用方式不同，可以分为堆叠土和堆叠地两种。堆叠地是指由人工堆叠的用作公园、景观等的土坛、土堆而发育成的，与广东珠江三角洲的挖塘筑基等堆叠地迥然不同，这种堆叠地主要分布在澳门半岛北部的螺丝山等地。堆叠土是指填海造陆而成的建设用地，主要分布在澳门半岛的东西北部，此外还分布在氹仔的中部和东北部以及路环的西北部等。

五、植被特征

据中国科学院华南植物园鉴定，截至2004年的调查，澳门约有植物1 500种，主要分布在澳门的山林、公园及休憩区内。山林主要由常绿阔叶林、乔灌矮林及海岸灌草丛组成，常见种类包括桃金娘、毛稔、豺皮樟、逼迫子、春花及芒萁等。公园和休憩区则以人工栽培植物为主，包括大红花、洋紫荆、黄槐及假地豆等植物。1982~1995年间，离岛山林曾进行面积达 404.53×10^4 m² 的种植工作，先后引入55个植物品种，其中主要树种有26种，以台湾相思为基本建构树种，其占60%以上，其次是荷木、红荷、枫香、大叶相思、黄槐、白花洋紫荆、宫粉羊蹄甲、大叶合欢和木麻黄等。2000年开始，离岛山林开始改造林分并建立防火林带，引入许多乡土树种，至2005年年底，共增加56个新品种，包括楝叶吴茱萸、大头茶、降真香、罗浮柿、竹节树、人面子、假柿树和乐昌含笑等。

(一)植物区系的基本特征

澳门植物区系种类组成丰富。据有关调查统计，组成澳门地区植物区系的维管束植物共有791种(包括变种)，隶属542属、157科。除去栽培植物310种(包括24变种)，隶属227属、84科，野生植物共有481种(包括10变种)，隶属365属、131科。澳门植物区系种类的丰富性，在很大程度上与其亚热带海洋性季风气候特点密切相关。这里夏季高温潮湿，冬季温暖湿润，十分有利于植物的生长和发育，因而决定了澳门植物种类的丰富性。

澳门植物区系与邻近地区具有密切的渊源关系，但缺乏特有种。这一方面是因为，澳门地区是在冰后期随着全球性海平面的上升才与大陆分开的；另一方面是因为，澳门地区面积小，境内海拔又低，与广东省相毗邻，不存在特殊的地理隔离条件。正是这种自然历史条件的限制，才导致澳门植物区系中缺乏特有种，其植物区系实质上是广东植物区系的一部分。从目前所掌握的资料看，澳门植物区系中所有属、科均见于广东省就是最好的证明。另外，由于澳门与香港的地理位置相近，气候相似，两地植物在属和种级水平上也具有很高的相似性，澳门大部分的属均见于香港，与香港植物区系的属和种的相似系数约为90%。

澳门地区栽培的植物区系具热带区系性质。据初步统计，澳门地区的栽培植物约有310种，隶属于227属、84科。澳门地处北回归线以南，具有极为丰富的热量资源，经过长时间的人工引种和驯化，已成功地引种来自热带地区极具经济和观赏价值的植物。因此，按栽培植物的原产地而论，澳门地区栽培植物区系以热带成分为主，占栽培植物总属数的72.5%；属温带亚洲成分的栽培植物有60属，只占栽培植物总数的27.5%。

(二)主要植被类型特征及其分布

1. 季雨林

季雨林是澳门地带性植被，但长期遭受人为破坏，几无残存。目前分布于东望洋山、青洲山等地的阔叶林，都是在原生植被破坏的情形下的自发演替，处于不同的演替阶段(图 3-6)。

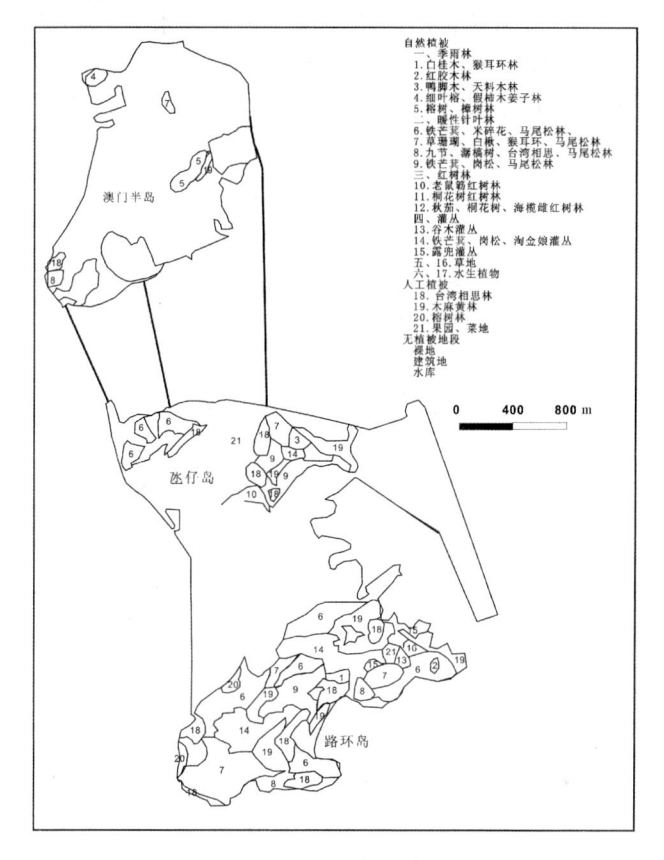

图 3-6 澳门植被分布图(刘南威，何广才，1992)[180]

(1)小叶榕、樟树林

该类型见于东望洋山半阴坡，是澳门植被保护和恢复较好的类型，也是较有代表性的季雨林类型。群落比较密闭，总盖度在90%以上，结构比较复杂。乔木层分为三个亚层，第一亚层高达30 m，林冠不连续，主要由小叶榕和樟树组成，其他常见的还有马尾松，高山榕；第二亚层高15～18 m，主要由阴香和假萍婆组成，还有山乌桕、鸭脚木、朴树等；第三亚层高10～12 m，以银柴和假柿木姜子为优势，其他常见植物有白楸、猴耳环、潺槁木、布楂叶等；灌木层高约2 m，以九节为主，其他常见的还有粗叶榕、豺皮樟，小叶女贞、野牡丹、山石榴等。草本层不发育，常见植物有淡竹叶、乌毛蕨、海芋、团叶、凤尾蕨等。藤本植物常见的有牛筋藤、紫玉盘、酒饼叶、扁担藤、锡叶藤等。

(2) 小叶榕、假柿木姜子林

本类型见于青洲山和莲花山山麓和沟谷地段，水分条件好，土层较厚，人为破坏程度小，总盖度达90％。乔木层高15～20 m，以小叶榕和假柿木姜子为优势种，伴随种有龙眼、水翁、朴树、白楸、土密树等。在个别地段，仍有零星分布的马尾松，但生长不良。由于乔木层比较密闭，林下灌木不发育，只有少量的酒饼、九节、糙叶榕、破布叶等，在林间空隙的则主要是马缨丹。草本层多为喜阴植物如海芋、苽草、条裂三叉蕨等。藤本植物比较发育，而且比较粗大，如牛筋藤，径围10～20 cm，盘缠在乔木上层。此外，还有紫玉盘和攀缘在龙眼树上的蜈蚣藤，在林缘多为五爪龙和鸡矢藤等。

(3) 桂木、猴耳环林

本类型主要分布在路环岛东端坡向北偏东、坡度约23°的地段，土壤为薄层赤红壤土，土层薄。这种类型主要为人工造林，灌木和草本层受到人为破坏，整个群落显得比较稀疏。灌木层不发育，盖度只有20％～30％，其中以梅叶冬青为主，其他类还有米碎花、叶下珠、糙叶榕、野牡丹、玉叶金花。草本层不发育，盖度只有约10％，主要有铁线蕨、团叶鳞始蕨、乌毛蕨、铁芒萁等。藤本植物唯有在未遭人工破坏地段零星可见锡叶藤、薛荔和海金沙等。

(4) 鸭脚木、天料木林

这种类型主要分布在氹仔岛阴坡，该地区过去马尾松占优势，因受虫害，渐渐枯死而为鸭脚木和天料木所取代。由于本类型处于发展阶段，群落结构虽明显分化为乔、灌、草三层，但乔木层分化仍不明显。总盖度达90％，而乔木层只有60％～70％，主要由鸭脚木、天料木组成，其他常见树种有白楸、铁榄、阴香和猴耳环等。灌木层不发育，盖度只有10％，常见种类有九节、桃金娘、野牡丹、米碎花、盐肤木、粗叶榕等。草本层种类很少，但盖度较大，常见种有乌毛蕨和铁芒萁。

(5) 红胶木林

红胶木林只见于路环岛麻风病院后山，生长良好。群落外貌呈黄绿色，结构简单，可分为二层，乔木层高5～8 m，由红胶木组成。灌木层比较发育，盖度可达50％～60％，主要由豺皮樟组成，其他常见种有野牡丹、鸭脚木、了哥王、酒饼簕、石斑木、雀梅藤等。草本植物不发育，只有在林间空隙有较多的种类，如铁芒萁、山芝麻、黑莎草、五节芒等。藤本植物很少，只见羊角藤、薛荔和寄生藤本的无根藤。

2. 暖性针叶林

暖性针叶林主要指分布在热带和亚热带低海拔、适应温暖湿润的环境条件，并由松属、杉木属、柏木属、黄杉属、银杉属等种类组成的针叶林。在澳门，暖性针叶林只有马尾松林，广泛分布于路环岛、氹仔岛、松山、东望洋山和西望洋山(图3-6)，是原生植被遭受破坏后经人工栽培发展起来的群落类型。目前主要处于半自然状态，由于栽培时间不一，处于不同的发展阶段，群落的种类组成和结构有明显的差异，大致可分为4类群丛。

(1)马尾松—米碎花—铁芒萁群丛

该类群丛主要分布在氹仔岛和路环岛黑沙湾以东的半阴坡，坡度20°~25°，土壤为厚层的赤红壤。本类型营造历史较久，且少受人为干扰，已发展为半自然林，群落发育比较充分，结构明显，主要分为三层。乔木层高15 m，盖度约40%，由马尾松组成，生长良好，但易受虫害。灌木层高2~3 m，盖度50%~60%，主要由米碎花组成，其他伴生植物有石斑木、野牡丹、酒饼簕、黑面神、山乌桕、野漆树、鸭脚木等。草本植物分布不均匀，在空隙地段，阳光充足的地方，喜阳植物发育充分，以铁芒萁最为优势，高50~100 cm，盖度达40%，其他常见的有芒、青香茅等。藤本植物有薛荔、葡萄九节及无根藤等。

(2)马尾松—白楸+猴耳环—草珊瑚群丛

这种类群丛只分布在阴坡山谷，比马尾松林其他类型的生境都优越，地形比较平缓，水分条件好，植物生长十分茂密，总盖度达95%。乔木层明显出现两个亚层，由马尾松组成的乔木第一亚层高20~25 m，胸径较大。但由于林内光线微软，马尾松更新不良，在群落地段几乎看不到实生苗。乔木第二层很发育，高约5 m，盖度达70%，种类较多，其中白楸和猴耳环占优势，盖度分别为30%和20%，其他常见种有鸭脚木、山乌桕、潺槁树等。灌木层不发育，只有少量的野牡丹和豺皮樟等。草本层不发育，盖度只有5%左右，种类少。

(3)马尾松—台湾相思—潺槁树—九节群丛

本类群丛分布在妈阁山的半阴坡，长期受到保护，植物生长比较茂密，总盖度达90%以上。乔木可分三层，第一亚层高约15 m，由马尾松组成；第二亚层高约12 m，由台湾相思组成；第三亚层高8 m，以潺槁树为主。其他常见树有白楸、山乌桕、鸭脚木、土密树、破布叶、翻白叶树。林下比较阴湿，灌木种类多数属于阴生植物如九节、罗伞树、粗叶榕、酒饼簕等，藤本植物很少，只见无根藤。

(4)尾松—岗松—铁芒萁群丛

本类群丛主要分布在氹仔岛西南坡，坡度陡，土层薄。马尾松生长不良，树矮弯曲。灌木种类几乎都是喜阳植物如岗松、桃金娘、石斑木、野牡丹等。

草本植物种类不多，但盖度大，可达50%，以铁芒萁为优势种，其他常见种有山芝麻和黑莎草等。

3. 红树林

澳门的红树林受填海工程的影响遭到严重的破坏，原分布于路氹连贯公路两侧的红树林大部分已枯死。路环岛有两片红树林，一片位于联生工业区和体育发展局小型赛车场间的排水沟，老鼠簕在此处形成纯林的状态，生长良好；另一片位于路环船厂，面积较小，生长有秋茄、桐花树、老鼠簕、芦苇等，偶尔可见鹭鸟在此觅食。此外，红树林还在氹仔西端和青洲山北侧有零星分布（图3-6）。组成红树林的种类十分简单，主要有秋茄、桐花树、海榄雌、老鼠簕等。

4. 灌丛

灌丛是由森林破坏后出现的次生类型，据2005年路环岛海边蝙蝠洞附近取样分析显示，本群落的优势科如茜草科、大戟科、萝藦科、樟科等均属于典型的热带—亚热带科。

本区的灌丛群落具有适应热带植物区系的植物形态外貌，并与常绿阔叶林存在着较为密切的关系。灌丛群落的外貌主要是由小型和中型落叶草质及常绿草质、全缘单叶的高位芽植物所决定的。路环岛地区的灌丛一般不超过5 m，通常其高度介于1.5～4 m之间，结构复杂，大体可以分为灌木层和草本层以及层间植物。灌木层的高度一般在3.5 m左右，盖度较大，约75%～80%。由于人为的干扰以及环境因子如病虫害的影响，灌木层的种类常常形成多代萌生、聚积成丛性生长态势。从种类上看，主要由茜草科、山茶科、樟科、蔷薇科和芸香科等的小高位芽植物所组成，如广东蒲桃、亮叶柃、豺皮樟、春花木等。灌木的高度不一，参差不齐，常绿种类和落叶种类交错分布，因此群落的层次不够分明。

草本层的高度一般在1 m以下，盖度约5%～15%，偶有少数种类如芒等个别种类的高度可达到1.4 m。草本层的种类一般生长稀疏，占优势的种类通常是禾本科和莎草科的种类如珍珠茅、野香茅、纤毛鸭嘴草等。这些与常绿阔叶林中的草本层植物有着一定的差别。层间植物不够发达，以夹竹桃科、萝藦科、茜草科的种类为主，如羊角拗、匙羹藤、弓果藤、玉叶金花、无根藤等。

灌丛由于生境的差异而出现优势种不同，分为三个类型。

(1) 谷木灌丛

谷木灌丛分布在路环岛东端的阴坡（图3-6），原为马尾松和台湾相思林，因这些乔木受病虫害大量死亡而演化为谷木灌丛。群落密闭，呈深绿色，总盖度达90%～95%，高约3 m，明显分为两层，灌木层盖度达60%，主要由谷木组成，其他伴生种有石斑木、酒饼簕、梅叶冬青、鸦胆子、桃金娘、灰木、米碎花、玉叶金花、野牡丹、木香园和鸭脚木等。草本层高1 m，盖度达70%，主要是铁芒萁。

(2) 桃金娘+岗松灌丛

这种类型在氹仔岛和路环岛分布较普遍(图3-6)，群落外貌呈黄绿色，盖度达60%，分两层。灌木层高1～2 m，盖度达35%～40%，主要由桃金娘、岗松组成。其他常见种有米碎花、车轮梅、野牡丹等。草本高不到1 m，盖度约35%，铁芒萁为优势种，盖度达30%，其他伴生种有乌毛蕨、山管兰、山芝麻、黑莎草等。

(3) 露兜树灌丛

该类灌丛只见于路环岛局部地段(图3-6)，面积很少。群落外貌呈灰绿色，一般高度为1 m，覆盖度达80%～90%。种类组成简单，主要有露兜树，其次为马缨丹、酒饼簕、野牡丹、潺槁树。草本植物只有铺地黍、短穗画眉草。

5. 草地

澳门地区的草地几乎都是森林和灌丛受到破坏而出现的次生植被，面积很少(图3-6)，包括下列类型。

(1) 莎草、宽叶雀稗草地

本类型仅见于路环岛东端北坡，为防止地表土壤侵蚀而营造的人工草地，草层密闭。草层高30～50 cm，总盖度达80%～90%，以莎草为优势种，宽叶雀稗为亚优种，常见种有铁芒萁、山管兰、山芝麻、黑莎草等。铁芒萁有取而代之的趋势。

(2) 铁芒萁草地

铁芒萁群落主要分布在路环岛和氹仔岛，是森林破坏后出现的次生类型。其分布完全取决于森林和灌丛破坏的程度，没有严格的规律性。由于草层密闭，水土流失微弱，土层的腐殖质含量较高，有利于其他植物生长。草层高约1 m，总盖度为80%～90%，局部可达100%，少数灌丛散生其间，但盖度很小，只有5%～10%，所以仍可将其归为草地。

(3) 狗牙根+光孔颖草草地

本类型分布在山地下部与海滩过渡地段，面积很少，主要由狗牙根和光孔颖草为优势，前者盖度达40%，后者为15%。其他常见种有蟛蜞菊、红毛草、鼠尾草、园叶雀稗等，目前该类型遭受苦葫树和马缨丹入侵，将来很可能为灌丛所代替。

除以上所述自然植被外，澳门还有部分人工植被，零星分布在澳门各地。造林的树种主要以马尾松、木麻黄、台湾相思、银合欢、樟树及各种桉树为主。其中，马尾松分布较少，呈野生状态。

第二节　资源特征

一、淡水资源贫乏

澳门属亚热带海洋性季风气候，年均降水量1 970.4 mm，但降水季节分配不均，5～9月为雨季，10月至翌年2月为旱季。虽然澳门降雨充沛，但因陆地面积狭小，且有限的陆地面积被分割成澳门半岛和两个离岛，境内无河流，亦不具备兴建大型水库的条件，因此淡水资源贫乏。随着人口和经济的发展，澳门的淡水供给经历了从最初的区内自给向主要由区外的珠海市供给的过程。

20世纪60年代以前，澳门的淡水水源是澳门半岛西面的前山水道。在澳门半岛西北部的青洲建有当地自来水公司的泵站，抽水后输送至新口岸水塘储存。后来因为人口增加和生产发展用水量激增，以及河道污染和淤浅，水质恶化，淡水供应越来越紧张。之后青洲泵站受工业废水污染，被迫于1980年关闭。

早在20世纪60年代，澳门就已通过与内地协商，先后在珠海市建成竹仙洞、银坑、大境山和梅溪水库，经输水管道和泵站向澳门供应淡水。此后又相继修建了石角咀汲水管及南屏河、白石涌等抽水站，实行河、库联通，增加向澳门的供水量。由于来自珠海的淡水输入，澳门1960～1985年间自来水日平均供应量从8 026 m³增加到69 619 m³。但随着澳门经济的进一步发展和人口的增加，原有的淡水供应满足不了需求，即使是冬季仍维持着很高的耗水量；而供水地珠海市本身亦因特区建设而使需水量大幅增长；同时，取水河道在低水位季节常受到咸潮影响而水质下降。因此，从1988年开始启用磨刀门供水工程，从磨刀门水道挂定角抽水，全程10多千米，穿河越岭，隧道、渡槽和渠道与蛇地坑水库、银坑水库、竹仙洞水库连成一个系统，实现"一渠三库，提蓄结合"。其中，竹仙洞隧道和银坑隧道长度皆超过1 300 m。到达湾仔后，再用管道将水分别输送至澳门的青洲和妈阁(图3-7)。此后，澳门淡水来源90%以上，甚至98%以上来自珠海(图3-8)。

磨刀门位于珠海市洪湾企人石，是西江径流的主要出海口门(表3.4)。磨刀门属强径流弱潮流、洪潮混合影响的口门，年径流量923×10⁸ m³，占珠江

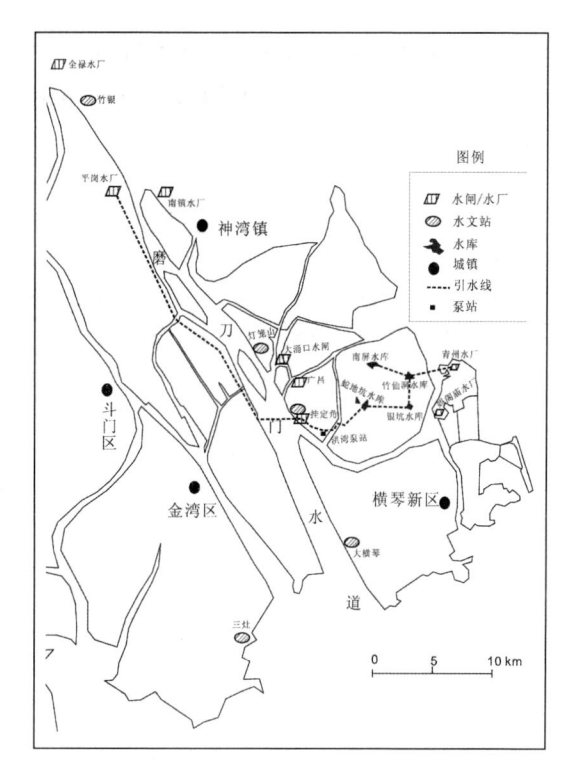

图 3-7　珠海澳门磨刀门引水工程示意图
（根据磨刀门引水工程说明图等资料加工）

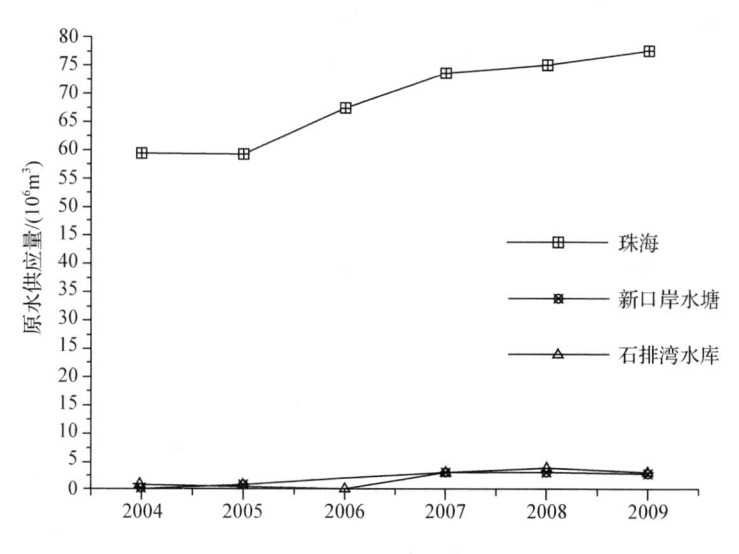

图 3-8　2004～2009 澳门水源组成
资料来源：据澳门统计暨普查局数据绘制

入海总径流量的29.6%。虽然磨刀门水道是西江干流出口，流量大，水质好，在很长时间内仍是澳门的可靠水源，但是澳门的淡水供给依然面临三个方面的严峻挑战和压力。

表3.4 珠江八大口门断面水量分配比

时间	虎门水道（大虎）/%	蕉门水道（南沙）/%	洪奇门水道（冯马庙）/%	横门水道（横门）/%	磨刀门水道（挂定角）/%	鸡啼门水道（黄金）/%	虎跳门水道（西炮台）/%	崖门水道（黄冲）/%
20世纪80年代	18.5	17.3	6.4	11.2	28.3	6.1	6.2	6
20世纪90年代	25.1	12.6	11.3	14.5	24.9	2.9	3.9	4.8
1999~2007年	12.1	14	13.2	16.2	29.6	3.7	4.9	6.3

资料来源：珠江水利委员会

一是珠江三角洲的产业转移浪潮造成更多的企业向西江中上游的粤西和广西境内的西江流域转移，势必加重西江中上游水质的污染。珠江三角洲由于土地日趋紧张和环境压力加剧等原因，大量低端的产业，尤其是污染风险较大的企业被迫向珠江三角洲外围转移，西江流域也承接了其中的一部分。加上因经济发展，西江交通运输量的增加也会带来河流水质的污染。西江中上游排污压力逐渐加大，势必对西江水质带来巨大风险。

二是磨刀门水道采砂和口门围垦加剧磨刀门咸潮上溯。自20世纪90年代以来，磨刀门水道咸潮灾害的影响范围逐年扩大、危害程度逐年加剧。1992年、1995年和1998年咸潮分别上溯到大涌口、神湾和南镇，1999年咸潮甚至上溯到距磨刀门入海口50 km的中山市全禄水厂。2004年年底至2005年年初，特大咸潮袭击珠三角，珠海、澳门累计无法正常取水达48天。磨刀门水道广昌泵站含氯度最高时约为国家标准的40倍，成为有记录以来最严重的水情。咸潮上溯直接影响供应澳门的淡水质量。

三是广州、佛山等大城市也开始从西江引水以解决这些城市的饮用水问题，在枯水季节可能会加重磨刀门水道下游的咸潮上侵。按照取水计划，广州市将从西江日取水$350×10^4$ m³，而紧邻的佛山市第二取水水源每日也要从西江取水$240×10^4$ m³。这意味着，当广州和佛山第二水源同时取水时，规模

将达到每天 $590×10^4$ m³。西江在丰水期流速为 $13×10^4$ m³/s，而枯水期仅为 1 000 m³/s，根据有关部门推算起码要有 2 300 m³/s 的流速，西江水才能到达珠海。有分析认为，广州西江引水项目在丰水期和平水期，项目取水占河道来水比例较小，但在枯水月、枯水日，取水所占河道流量比例较大，其有可能会对河道生态需水产生影响。此外，深圳、东莞等城市也有从西江引水的意向。如果这些城市的西江取水工程运行，西江下游水道的压咸流量减小，势必导致咸水线上移，使得本已受咸潮影响的珠海市磨刀门水道等水源存在影响加重的可能。

二、土地资源不足

澳门原由几个小岛组成，岛上多为山地，尤其是南部的路环岛和氹仔岛，而岛的边缘有较宽阔的浅海或滩涂。这样的条件注定了澳门的土地资源在类型和总量上都比较有限，呈现出土地资源不足、人均占有量少、土地资源类型单调、人工造地显著、滩涂资源丰富且便于改造等特点。

澳门人口的增加带来了用地紧张的问题，迫使当局开始向陆地外围的浅海和滩涂寻求新的生产生活空间。从图 3-9 可以看出，澳门的人口增长与澳门填海造陆面积有着非常吻合的增长曲线。

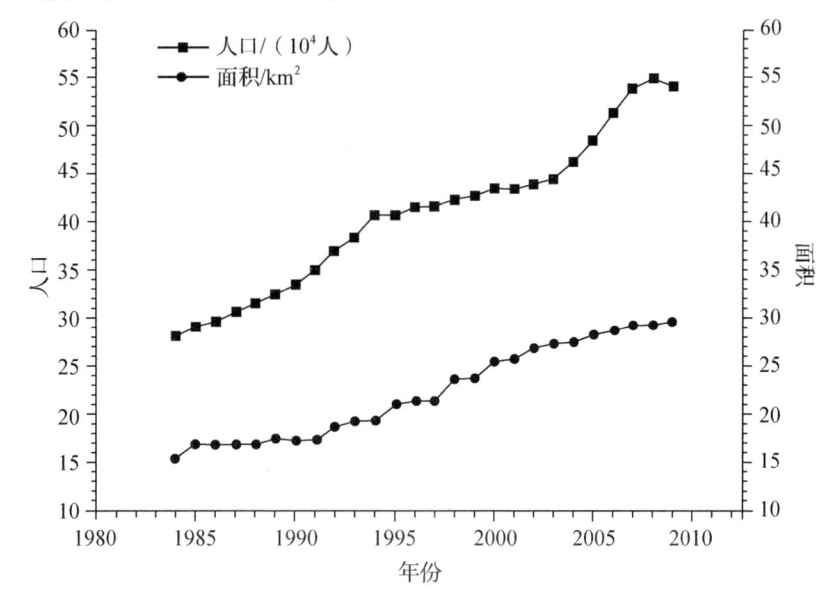

图 3-9　澳门人口与土地面积增长曲线

资料来源：综合澳门统计暨普查局资料绘制

澳门的填海拓地开始于1863年。每一次填海造陆都改变了澳门的版图和海岸线（图3-10和图3-11）。在1780年的古地图上，氹仔仍为海中的三山二岛，即东部的鸡颈山、中间的观音岩和西部的菩提山。其中鸡颈山与观音岩

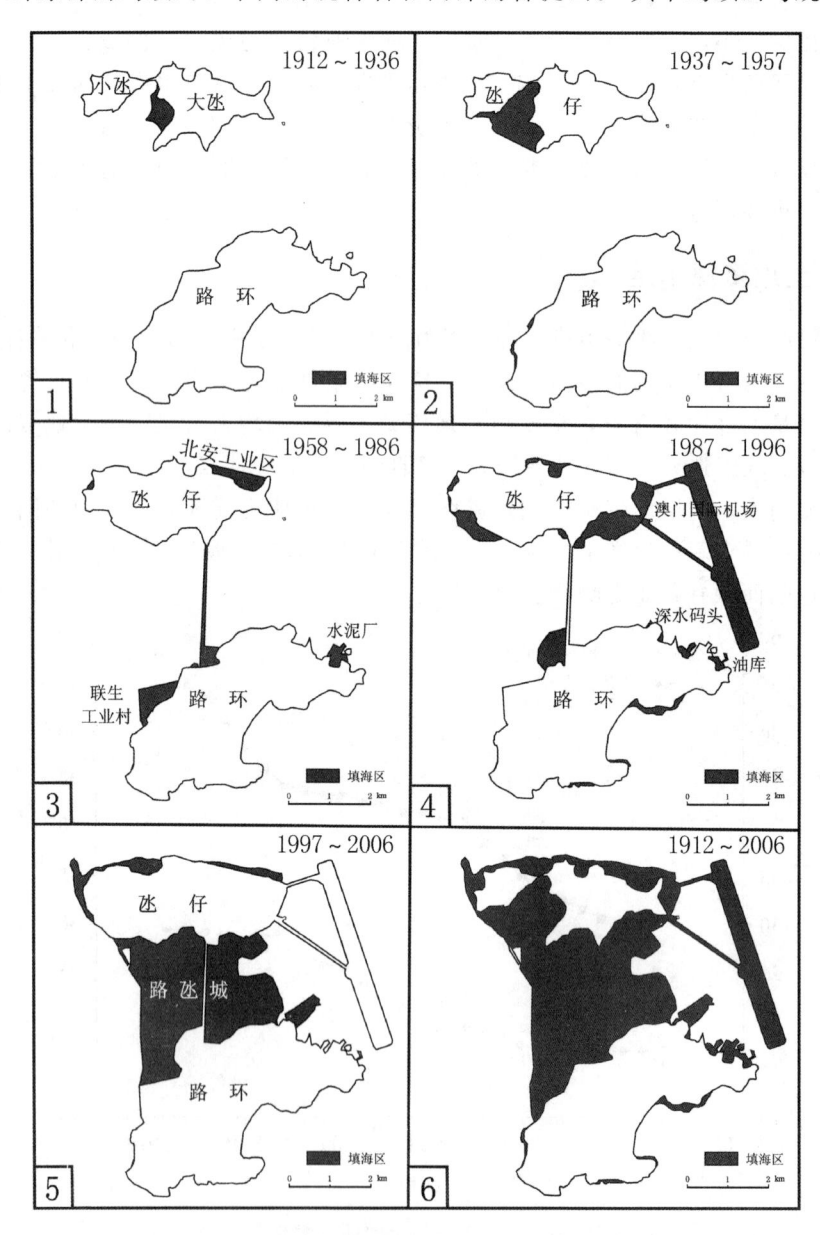

图3-10 澳门离岛历年填海造陆图（黄就顺，2009）[55]

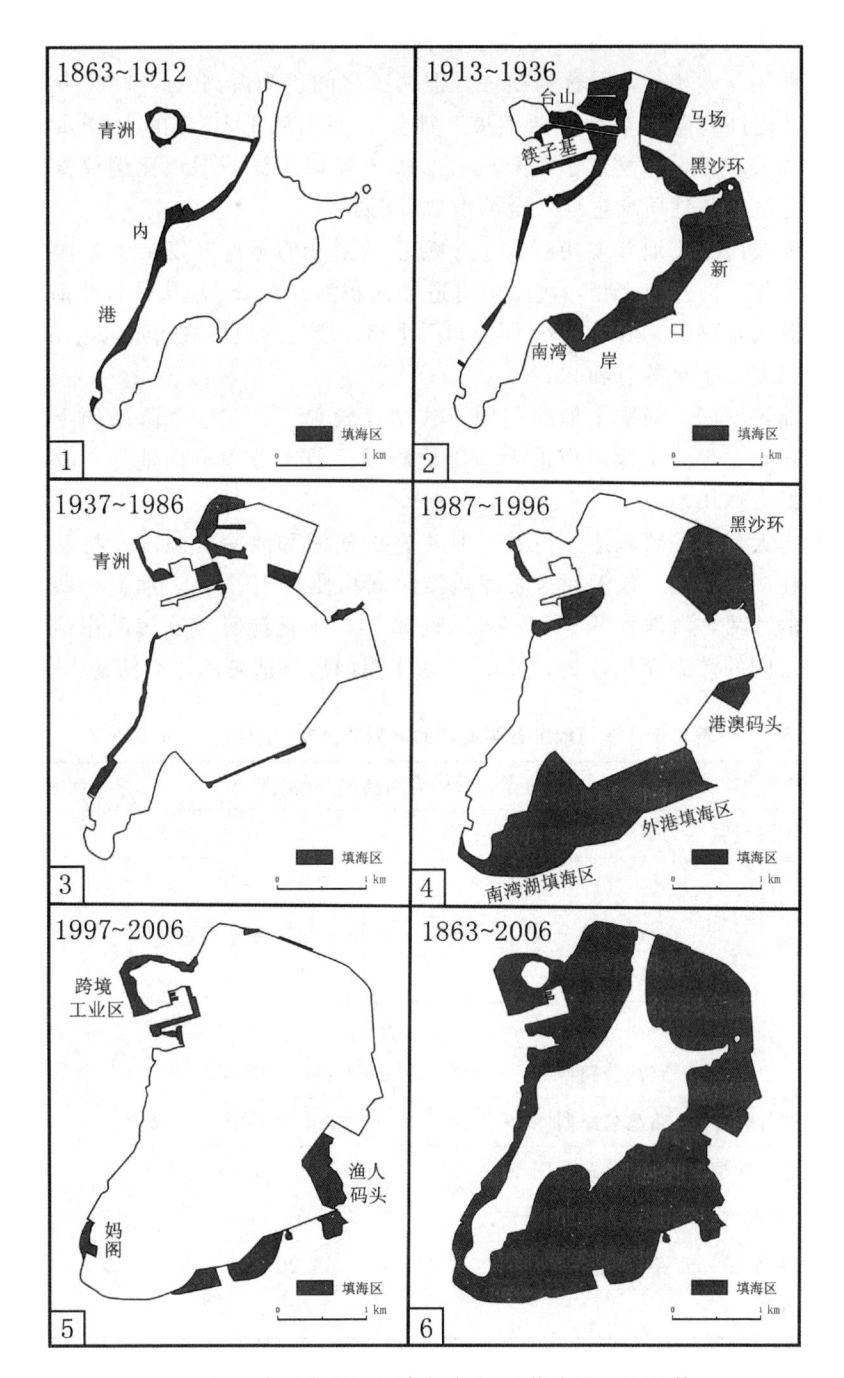

图 3-11　澳门半岛历年填海造陆图（黄就顺，2009）[52]

相连，称为大氹仔，菩提山称为小氹仔，两岛面积共 1.5 km²。至 1920 年，两氹在北端开始相连，总称为氹仔，但两氹之间仍为海湾。自 1977 年起，填海从两氹之间海湾的东部向西扩展，氹仔的面积从 1910 年的 1.98 km² 增至 2007 年的 6.7 km²，增加了 238%，是 1910 年以来澳门增地比例仅次于澳门半岛的地区。氹仔所增之地，全部由填海而成。

回顾澳门的土地开发历程，至今为止最剧烈的土地开发活动是澳门回归前、后十年。回归前十年，澳门填海造陆面积为 6.4 km²，几乎与此前八十年总填海造陆面积 6.3 km² 相当；而回归后十年，澳门的填海造陆面积达 5.7 km²，接近回归前几十年的总和。

然而，澳门对新增土地的利用方式却比较单一。在这个阶段的土地开发利用中，除了部分土地用作重大基础设施项目或工业项目用地外，其他大多为旅游博彩业用地。

澳门大规模的填海造陆得益于其丰富的浅海和滩涂资源以及特殊的自然环境。在澳门海区，仅潮间带淤泥质滩涂面积便有 10 km²，加上一些大小岬角湾内的沙滩，海滩面积近 12 km²（表 3.5）。根据测算，从澳门岸线至 2 m 等深线之间的滩涂面积达 25.5 km²，未来澳门填海造陆的滩涂储备十分充裕。

表 3.5　澳门地区各类海滩的面积和分布（徐君亮，1999）

海滩类型		分布地点	平均高度/m	宽度/m		面积/hm²
淤泥质滩涂	沿岸型	黑沙环沿岸	0.41	200～500	76	
	分流间海湾型	新口岸	0.34	500～760	111	
		澳门半岛南湾、西湾	0.11	600～1 300	148	
		氹仔岛北岸	0.61	300～600	113	1 020
	湾头型	澳门半岛西岸	0.86	600	96	
		路氹公路西部	0.89	1 350	430	
	红树林岸滩型	路氹公路西侧	>0.1	200～600	46	
沙滩	席状沙型	路氹公路东侧	0.5	300～800	105	
	双坡型	路环岛黑沙湾	2～5	70～120	14	122
	单坡型	路环竹湾等处	3	20～30	3	
合计						1 142

而从自然环境看，澳门的岸线属溺河型海岸，岸线曲折，便于填海；海域水深浅，潮差不大，填海工程量较小；当地及附近多火成岩和花岗岩丘陵，填海石料来源充裕。上述有利于进行填海工程的自然条件，再加上现代工程技术，使得澳门填海造陆的经济效益十分显著。

值得注意的是，填海造陆虽然在一定程度上解决了澳门土地供给短缺的困境，但也给自然环境和社会经济活动带来了一系列影响，例如水动力环境的变化、水质恶化、加重航道淤积和海域污染、影响地貌和沉积、加速红树林消失等。

三、矿产资源单一

澳门地区裸露的岩石大部分是花岗岩，仅在路环石排湾以南的山坡上发现千枚岩类（一种变质的沉积岩）。这些花岗岩是在距今1.7亿至1亿年的燕山期造山运动中多次岩浆侵入形成的，多数为黑云母粗粒花岗岩。

澳门地区除了花岗岩石料以外，没有发现其他矿产资源。路环西北部1972年投产的石矿场，专门生产建筑用碎石。石矿场面积达 13.3×10^4 m²。据1983年测量，蕴藏量约为 600×10^4 t。石矿产值在澳门工业总产值所占份额不超过0.5%。

四、旅游资源丰富且品位高

澳门的旅游资源比较丰富，但以人文景观为主。澳门作为中西文化交流碰撞最深刻的一个特殊地理单元，在有限的土地上呈现出丰富多彩、融贯中西的文化景观，拥有全球瞩目的世界文化遗产。

根据中华人民共和国国家标准《旅游资源分类、调查与评价》(GB/T 18972—2003)，澳门旅游资源大致为5主类、13亚类（表3.6）。

如果按旅游活动性质来划分的话，澳门旅游资源也可简单划为以下三类：观光类——包括澳门世界遗产、博物馆、教堂、庙宇、公园、炮台、海景滩涂、展览厅；娱乐体验类——包括博彩娱乐场、赛马场、运动场、大型综合娱乐场；购物类——包括免税店及名牌精品店、家具及古玩、跳蚤市场、珠宝首饰、传统食品、旅游纪念品。

在空间分布上，澳门高级别的历史文化类旅游资源主要分布在经济活动历史最悠久和频繁的澳门半岛，如澳门历史城区（图3-12）；新增的现代大型综合娱乐项目主要分布在新近填海造陆地区，如路氹连贯区；以自然禀赋为主要特征的资源则主要分布在离岛上，如路环岛。

表 3.6　澳门旅游资源类别

主类	亚类
B 水域风光	BE 河口与海面
E 遗址遗迹	EB 社会经济文化活动遗址遗迹
F 建筑与设施	FA 综合人文旅游地
	FB 单体活动场馆
	FC 景观建筑与附属型建筑
	FD 居住地与社区
	FE 归葬地
	FF 交通建筑
G 旅游商品	GA 地方旅游商品
H 人文活动	HA 人事记录
	HB 艺术
	HC 民间习俗
	HD 现代节庆

图 3-12　澳门历史城区旅游资源分布图
资料来源：澳门旅游局

第三节　自然与人文生态特点

一、热带气候

热带气旋(tropical cyclone)是一种低气压天气系统，是大气循环的一个组成部分，在它将热能及地球自转的角动量由赤道地区带往较高纬度地区的同时，也给途经地区带来不同程度的天气灾害。

澳门因其所处地理位置，经常受到热带气旋侵袭。澳门按国际惯例将热带气旋进行分类：风暴中心附近风力6～7级气旋为热带低压，8～9级气旋为热带风暴，10～11级气旋为强热带风暴，≥12级气旋为台风(表3.7)。但在习惯上，澳门人常用台风泛指各级热带气旋。

表 3.7　澳门地球物理暨气象局热带气旋分类表

热带气旋级别	中心最高十分钟平均风速	风级(蒲福氏)
热带低压	每小时41～62 km	6～7级
热带风暴	每小时63～88 km	8～9级
强热带风暴	每小时89～117 km	10～11级
台风	每小时118 km或以上	12级或以上

资料来源：澳门地球物理暨气象局

每次热带气旋来袭，澳门气象部门以悬挂不同级别的风球来进行预报。信号由1号、3号、8号、9号和10号组成。当热带气旋中心进入离澳门800 km的第一道警戒线，并有可能影响澳门时，便挂起1号风球；热带气候继续移动，可能导致澳门刮6～7级的强风时，挂起3号风球；热带气候逐渐迫近，可能导致澳门刮8～11级的强风时，挂起8号风球；当热带气候中心位于澳门200 km以内，预计澳门将会受到严重影响时，挂起9号风球；当热带气候中心即将侵袭澳门或邻近地区，风力可能达到或大于12级时，挂起10号风球。

1968～2010年，澳门悬挂各种热带气旋风球警报次数总计为476次，平均每年悬挂11.1次；最多的一年是1974年，达到22次；最少的一年是2004年，只有2次(图3-13)。由此可见，澳门遭受热带气旋侵袭的频率较高。然而，真正造成严重灾害的热带气旋次数并不很多。在1968～2010年的42年中，悬挂10号风球(台风)总共只有4次，悬挂9号风球的也只有12次。

澳门地理

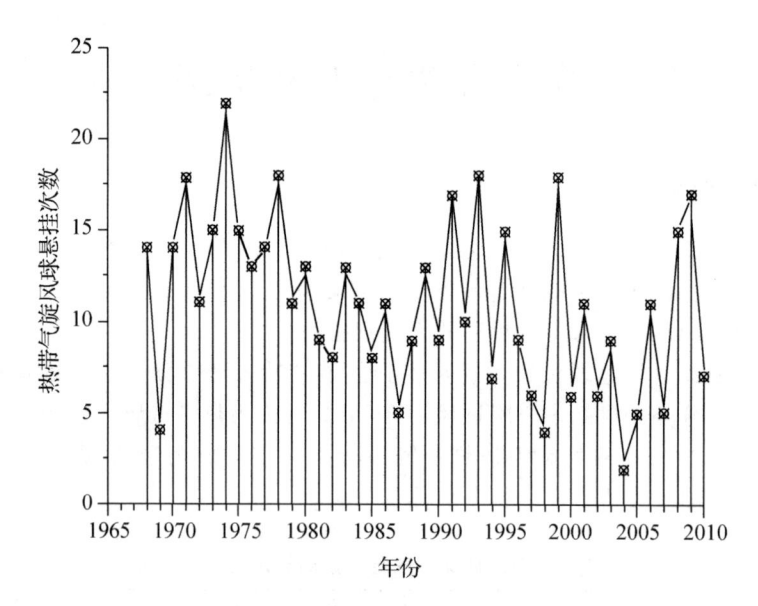

图 3-13　1968~2010 年澳门悬挂热带气旋风球警报次数
资料来源：澳门地球物理暨气象局

在一年之中，热带气旋侵袭澳门的月份主要集中在 5~11 月，即夏、秋季是澳门地区热带风暴、台风活动的季节，尤其是 7~9 月（图 3-14）。根据近三十年的连续气象资料，1 月、2 月、3 月和 12 月几乎没有台风侵袭。在澳门

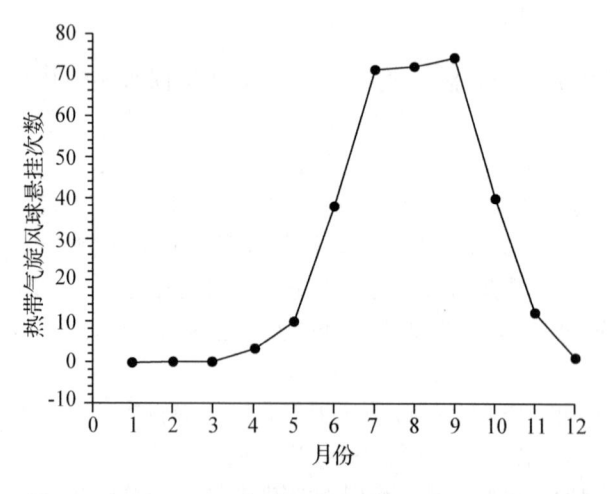

图 3-14　1953~2006 年澳门各月悬挂热带气旋风球次数
资料来源：澳门地球物理暨气象局

及其邻近地区登陆的热带气旋仅占最初进入800 km范围的所有热带气旋总数的8.7%。而登陆的热带气旋中，75%是台风，热带风暴和热带低压各占10%，强热带风暴只占5%。

在澳门及其邻近地区登陆的大多数是中心风力在12级以上的台风，因此大都不同程度地给澳门带来过一些破坏。不过，台风也有其有利的一面，它带来大量雨水，可以减轻或解除秋天的干旱。根据澳门历年的降雨量统计数据可以看出，降雨量多的月份基本都是台风多发的月份。澳门雨季后期的雨量多得益于台风雨。雨季后期台风少的年份，秋旱似乎成了澳门的一种常见现象。

从澳门台风历史资料来看，施梅士在《澳门与台风》一书中列举了1738～1983年间侵袭澳门的70次台风：18世纪2次，19世纪16次，20世纪前50年17次，50年代以后35次。其中，有4次导致了澳门两百多年来的4场大风灾。

澳门遇到的最大台风灾难是1874年9月22～23日的甲戌风灾，有5 000多人丧生，2 000多艘船舶沉没，不少楼宇倒塌。第二大台风灾难是1923年8月18日的癸亥风灾，吹倒200多间房屋，吹沉50艘大小船舶，死亡400多人。第三大台风灾难是1983年9月9日台风"爱伦"导致的，澳门多处地区浸水，交通电讯中断，45艘船舶沉没，至少19人死亡或失踪。第四场台风灾难是1964年9月5日台风"露比"导致的，1 600余人因楼宇倒塌或危楼威胁而无家可归，全澳门1/3的地区遭受水浸。台风"露比"创造了澳门20世纪的3项气象纪录：最低气压(954.6 hPa)、最高阵风风速(211 km/h)及一小时最大降雨量(125.1 mm)。

影响澳门的热带气旋大多起源于太平洋，小部分形成于南海。一般来说，太平洋热带气旋范围和强度都较大，而南海热带气旋则范围较小，但是强度有时也较大。太平洋热带气旋的路径比较有规律，主要有三类：①西移路径，向偏西方经过菲律宾或巴林塘海峡、巴士海峡进入南海，侵袭华南沿海及越南(图3-15)；②西北路径，向西北方向掠过台湾或冲绳岛附近后，在华南沿海登陆(图3-16)；③转向路径，在太平洋转向东北方，呈抛物线形状侵袭日本和朝鲜半岛。严重影响澳门的是第一类路径。南海台风的路径比较复杂多变，迂回曲折或原地打转，甚至会突然转向，对澳门也很有威胁。

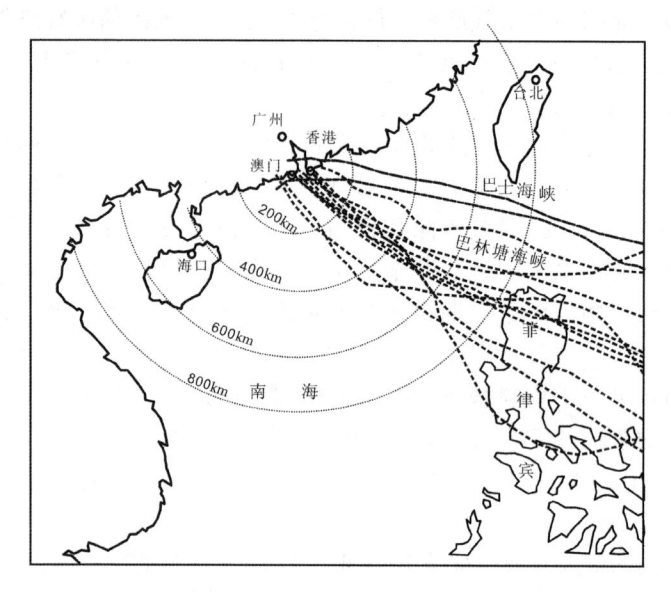

图 3-15 吹袭澳门的偏西北方向台风(1952～1986 年)(黄就顺，1993)[94]

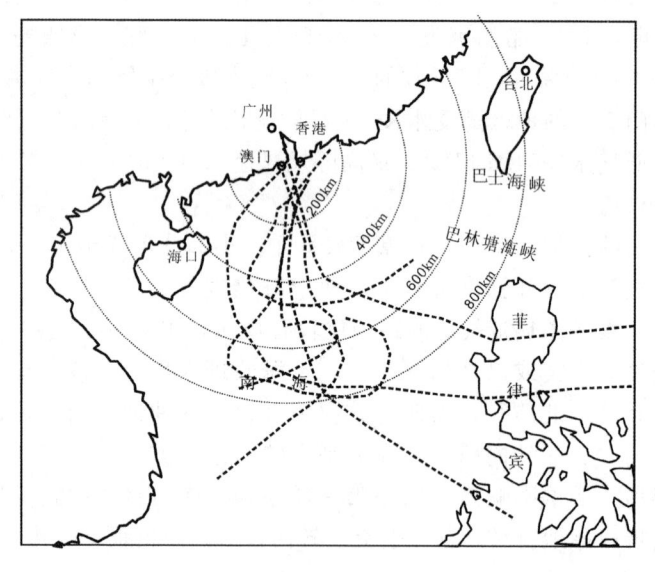

图 3-16 吹袭澳门的偏北方向台风(1952～1986 年)(黄就顺，1993)[95]

二、环境污染

科学家发现，人体血液中的60多种化学元素的含量比例，与地壳中各种化学元素的含量比例相似，说明人类与环境休戚相关，甚至可以说是环境的产物。人类与环境的关系，还表现在人体获取来自大自然的空气、水和食物以维持自身的发育、生长和繁殖过程，这本身就是一个人体物质与环境物质进行交换的过程。如果人与环境的平衡关系被破坏了，就会危害人体健康，人对环境的依赖性决定了人与环境的和谐是人类生存发展的永恒主题。

澳门是世界人口密度最高地区之一，经济和社会的发展以及人口的增加，给澳门的环境带来了越来越大的压力。

(一)大气质量

澳门地处珠江三角洲西部，大气质量深受珠江三角洲大环境的影响。近年来，珠江三角洲工业化快速发展，使其上空长期稳定存在"亚洲棕色云"，中国学者称之为灰霾天气。灰霾的严重程度与PM_{10}(粒径小于$10~\mu m$的气溶胶)浓度成正比。2001～2004年，珠江三角洲年灰霾天数明显增加，PM_{10}有一半的月均值超过国家二级标准的日均值浓度限值($150~\mu g/m^3$)。

近年来，澳门各自动空气质测站的空气质量指数介于"良好"至"普通"水平。空气质量"不良"的主要污染物是PM_{10}。导致澳门空气污染的主要污染源有四：火力发电是澳门大气中硫氧化物及PM_{10}的主要来源；陆上交通运输是一氧化碳、铅及非甲烷等挥发性有机化合物的主要来源；污水处理是氨气的主要来源；航空交通运输是总悬浮粒子的主要来源。

近年来，珠江三角洲城市群空气质量呈恶化趋势，空气污染问题在秋冬季节尤其严重，离岸风和海陆风的相互作用与珠江三角洲城市群灰霾天气生成及分布有很密切的关系。秋季，珠江口地区海风将抑制珠江三角洲城市群空气污染物向下风向输送，从而导致城市群空气污染物在向下风向"迁移"过程中"减速"或在城市群短期"堆积"，使城市群空气污染物浓度随海风的出现而显著上升，海风日城市群空气污染物日平均和日最高浓度与非海风日相比上升2～4倍。

(二)水环境质量

近年，澳门人均耗水量大约维持在$0.39~m^3/d$。虽然近年来澳门的工业用水量出现明显减幅，但家庭、商业、旅游及公共用水仍有增长。澳门各污水处理厂平均每日流入污水$182~578~m^3$，其中84%流入澳门半岛的污水处理厂。

在沿岸水体水质方面，从过往数年对沿岸水质监测结果来看，各采样点均呈不同程度的污染。当中以内港的污染最为严重，其中非金属评估指数虽在2008年及2009年出现下降,但却仍大大高于各采样点的平均值,远未达中华人民共和国国家标准《海水水质标准》(GB 3097—1997)中第二类水质标准。此外,重金属污染虽然符合标准,但近年却呈上升趋势,并以2009年升幅最明显,其中锌浓度值及汞浓度值均偏高。总体来说,近年澳门的沿岸水质呈现逐年恶化的趋势。

另外,最近二十年珠江河口地区的咸潮上溯明显加剧并严重影响澳门饮用水供给。学术界认为珠江河口地区咸潮上溯与海平面上升、枯季径流量变化、河道分流比变化、河口地区供水规模扩大、河床采砂、口门围垦等因素有关。

(三)固体废弃物

澳门的生活废弃物主要采用焚烧处理方式。近年来,澳门垃圾焚化中心处理的固体废弃物总量高居不下,仅2009年每人每日平均运往处理的废弃物量达到1.64 kg,已超越同期发达国家1.4 kg的平均水平。根据统计,自1992年澳门垃圾焚化中心营运至今,累计处理了400多万吨废弃物。若将这些废弃物以堆填方式处理,则所需土地面积相当于整个澳门半岛的大小。

澳门建筑业产生的废弃物则以堆填方式处理。澳门建筑废弃物量自2007年创新高后,2008年因整体经济环境变化以及金融危机导致不少建设项目暂缓执行或搁置而回落至2006年的水平。尽管如此,澳门建筑废弃物的堆填空间仍显不足。为此,提升建筑废弃物的资源效率以及寻求堆填空间的区域合作成为重要课题。

(四)噪声

澳门特区政府自2001年起持续通过设置固定环境噪声监测网络,24小时收集澳门环境噪声相关数据。其中在澳门半岛分别设有以记录道路交通噪声为主的高士德站、以记录环境噪声为主的柏嘉街站和以记录工商住宅混合区噪声为主的慕拉士站,以及在氹仔岛设有以记录环境噪声为主的施利华街站。近几年在上述4个固定环境噪声监测站中,每年所录得全年月平均等效连续声级值以高士德站最高,慕拉士站次之,而柏嘉街与施利华街两站的噪声水平则相近(表3.8)。

近年特区政府相关部门接到的环境噪声投诉个案数目不断上升(图3-17)。澳门的城市面积小、人口稠密、楼宇挤迫、街道狭窄、车辆众多、交通十分繁忙,在工厂与住宅混杂处,建筑施工不少。因此,建筑噪声、交通噪声、工业噪声、生活噪声的污染相当严重,成为澳门主要的城市公害之一。澳门城市环境噪声的主要来源是交通噪声。截至2009年,澳门机动车数量达到189 863辆,机动车辆密度达到每千米道路460辆,是国际警戒值每千米270辆的1.7倍。

表 3.8 澳门环境噪声监测网络 2008 年各月平均等效连续声级 （单位：dB(A)）

月份	高士德站	柏嘉街站	慕拉士站	施利华街站
1	75.3	66.8	72.9	65.7
2	75.4	67.7	74.7	67.6
3	75.2	67.3	72.7	68.0
4	75.0	66.6	73.4	67.5
5	74.8	66.2	72.7	68.5
6	75.1	66.9	73.0	69.1
7	75.1	67.0	73.0	69.7
8	74.9	67.2	73.0	68.7
9	75.1	67.5	72.9	68.2
10	75.2	67.4	72.9	68.1
11	75.7	67.6	73.8	69.0
12	75.5	67.3	73.4	67.2

数据来源：澳门环境保护局

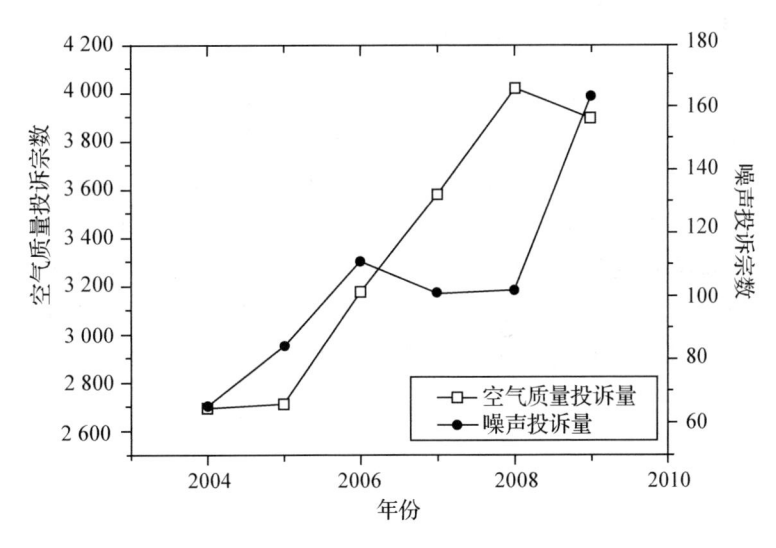

图 3-17 2004~2009 年澳门空气质量和噪声投诉量

资料来源：澳门统计局暨普查局

三、社会治安

根据澳门官方统计，1981~2008年，澳门罪案宗数总体呈上升趋势；尤其是2004年赌权开放后，旅游博彩业急剧发展，到访澳门的游客量大幅增加，澳门罪案宗数上升更加显著（图3-18）。对此，曾有研究分析澳门罪案宗数与同期旅游发展数据的相关性，结果证实，澳门的犯罪率与到访者数量确实存在强烈的相关性。

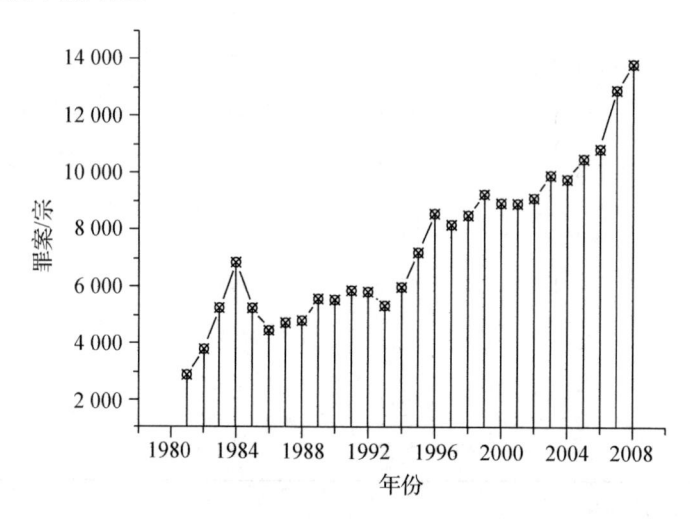

图3-18 1981~2008年澳门罪案宗数变化
数据来源：澳门统计暨普查局

上述社会治安状况在澳门游客和居民的社会治安感知方面也有所反映。根据对比游客在非洲、美洲、欧洲和澳门的危险感发现，游客在澳门的危险感是最高的，其主要原因是当地特别高的犯罪率和媒体的粗俗展示。而根据《2009年澳门社会治安调查报告》[1]，对比澳门回归后的2009年与2000年的居民社会治安感知状况发现，尽管对警方打击罪案、维持社会治安能力的信心和对警方控制罪案的满意度均略有上升，但对治安状况的忧虑度仍有所上升，对未来治安的乐观度则有所下降。这些都反映出澳门社会治安不容乐观的现实。

---

[1] 参见澳门警务人员协会与澳门理工学院苏文欣副教授2009年3月的《澳门社会治安调查报告》http://www.doc88.com/p-092106920048.html

第四章 澳门社会经济发展特征

章前语

澳门经济发展水平较高，属典型的微型海岛经济，对外依赖性强，产业结构不尽合理。尽管旅游博彩业、出口加工业、建筑地产业和金融业已经成为澳门四大支柱产业，但旅游博彩业仍然是澳门独具优势的龙头产业，这使澳门成为众所周知的世界三大赌城之一。澳门的交通运输主要由陆路、水路和航空运输组成，但客货运输主要靠水路交通完成。

澳门的金融业包括银行业、保险业、黄金市场和证券市场，以银行业和保险业最为重要。澳门城市发展经历了堡垒城市和现代都市两个时期，城市结构经历了"一元双核三社区"到"二元多核心"，目前正向"一轴二心三组团"转变。澳门已进入老年型社会；人口国籍构成比较复杂，但以中国籍和葡萄牙籍所占比重最大；人口整体文化素质不尽如人意，与其经济发展水平并不相称。澳门是世界上人口密度最高的地区之一，其中澳门半岛最多，路环最少。澳门文化独特："华洋杂处""中西合璧""一国两制三货币四语言""博彩文化"。

关键词

微型经济；旅游博彩业；轻纺工业；填海造地；多元文化

第一节 经济特征

一、澳门经济发展的总特点

(一)经济发展水平较高

20世纪60年代以来，由于澳门具有配额、关税和低成本生产的比较优势，大量香港产业及其资金、技术和人才被吸引到澳门发展。在香港经济的辐射扩散推动下，澳门经济逐步走上了比较快速的发展轨道。特别是进入

80年代以后，中国内地实行的改革开放政策为澳门的经济发展提供了新的契机和动力；澳门利用自由港的地位和广泛的对外联系，成为内地拓展对外贸易和引进投资的"桥梁"，经济更是进入了高速发展期。

据统计，20世纪80年代，澳门经济年均实际增长率为8%左右，对外贸易年均增长率达20%。从20世纪90年代末开始的十年间，澳门的本地生产总值和人均生产总值分别从1999年的47.29亿澳门元和11万澳门元，增长至2009年的169.34亿澳门元和31万澳门元，年均增长率分别为13.61%和10.92%；2010年澳门本地生产总值达到2 173.2亿澳门元，同比增长26.2%，人均生产总值达到39.9万澳门元，同比增长25.8%。以上的经济发展指标表明，澳门回归后经济一直持续快速增长，一些经济指标已进入较发达国家和地区的行列，经济发展水平居亚洲前列。

(二) 对外依赖性强

澳门对外依赖性强表现在两方面。一方面，澳门人口基数少，内需市场严重不足，自身的消费市场极其有限，其生产的加工产品95%以上需要外销，境内的许多旅游、娱乐场所及购物中心也主要依赖外埠游客的消费才能维持，旅游博彩业的消费对象90%以上是海外游客。另一方面，澳门地域空间狭小，自然资源贫乏，自身的生产能力也很有限，尤其在食品及能源生产、供应方面比较依赖内地，如自来水供应来自广东，部分用电也来自广东电网。这种对外经济的过分依赖，使澳门经济不可避免地会受世界经济形势的左右，一旦周边地区及世界经济形势转坏，其所受冲击将不容忽视。

(三) 典型的微型经济

企业规模小、人数少几乎是澳门各行业的共同特点。据统计，澳门80%以上的企业固定资产不到100万澳门元；有近70%的工厂，其职工人数只有几十人左右。此外，还有很多没有登记注册的"山寨厂"，其规模更小。渔农业纯属家庭式经营，其他如建筑业、进出口贸易以及商业大规模经营的也很少。可以说，在澳门除旅游博彩业之外，根本谈不上企业的规模化经营。这种微型经济在经营上有较大的灵活性，易管理，但由于缺乏规模优势，资金和技术含量又不高，必然缺乏抵御经济风险的能力。

(四) 产业结构不尽合理

近几十年，澳门经济结构虽然由单一的特种行业逐渐趋向多元化发展，旅游博彩业、出口加工业、建筑地产业和金融业已成为澳门四大经济支柱，但产业结构比较单一的状况并未从根本上改观。尽管旅游博彩业在经济结构中的比重有所下降，但仍然是澳门第一大产业，在澳门经济发展中有着不可替代的地位。在第二、第三产业迅速发展的同时，由于受自然条件的限制，作为第一产业的农业相当微弱，农产品自给率低，绝大部分需要进口。产业结构失衡，整体经济过分依赖第三产业，特别是旅游博彩业的单一经济模式，已成为澳门经济发展的一个致命弱点。

二、旅游博彩业

澳门是众所周知的世界三大赌城之一。2009年，澳门旅游博彩业的产值达1 203.83亿澳门元，占澳门本地生产总值的71.09%，是澳门四大经济支柱之一。

澳门的旅游博彩业发展历史由来已久。1847年，澳门赌业合法化。1961年，博彩业在澳门开始全面发展。当时香港何氏财团首次在澳门组建澳门旅游娱乐公司，开设了7个赌场外（包括最具名气的葡京赌场），并增加了一些赌博游戏新花样，如二十一点、百家乐、轮盘等。至20世纪80年代，澳门的娱乐场已经增加至10余间；2006年发展至25间；至2011年共有35间。

由于旅游博彩业兴旺，博彩税收也逐年增加，税收增加的幅度之大，是其他行业望尘莫及的。1975年，澳门的博彩业税收达689.7万澳门元，是1961年的1倍多。1980年升至7 171.2万澳门元，1985年上升至4.5亿澳门元，1990年为19.36亿，1991年为25.67亿，1993年为42亿，1995年为52亿，1997年为56亿，2000年为56.5亿，2005年飙升至447亿，2006年突破530亿大关，2010年突破1 000亿，大有赶超世界博彩之都拉斯维加斯之势。

目前，博彩业是澳门的龙头产业。为此，澳门特区政府在2000年设立博彩委员会，并于2001年制定《博彩法》，革新博彩业，终止专营权。随后，永利度假村（澳门）股份有限公司、银河娱乐场股份有限公司、澳门博彩股份有限公司纷纷与特区政府签订了18～20年合同，博彩税率由过去的31.6%升至35%。至此，澳门博彩业从原来的一枝独秀转变为"三分天下"的格局。

统计显示，1997～2010年，除回归前博彩业收入有所下降外，回归后博彩收入每年均有较大涨幅；在开放赌权、调高博彩税之后，博彩业收入更达到了一个前所未有的水平（表4.1）。

目前，博彩业之间的竞争并未全面展开，相信在未来一段时期仍有进一步发展的空间。但博彩业是一把双刃剑，它既可以给澳门带来巨大的经济效益，也会给社会造成负面影响。特区政府有关部门应该高度重视并认真研究，出台有效政策加以引导。

表 4.1　近年博彩毛利收入　　　（单位：10^7 澳门元）

年份	毛利收入
1997 年	1 843
1998 年	1 553
1999 年	1 395
2000 年	1 708
2001 年	1 954
2002 年	2 284
2003 年	2 948
2004 年	4 230
2005 年	4 713
2007 年	8 385
2008 年	10 983
2009 年	12 038
2010 年	18 964

资料来源：《统计年鉴(2010)》(澳门统计暨普查局，2011)

澳门博彩业的兴旺刺激了旅游业的发展。很多澳门人都把博彩业看做是旅游业的重要组成部分。从游客调查来看，旅游博彩业的消费对象90%以上是海外游客；其中，有22.3%的游客是专门为赌博而来，有45.1%的游客是为度假而来。此外，不少游客到澳门是为了一睹赌城的风采，当然还有人特别钟情于澳门别具一格的中西文化交融的城市景观。

自发展博彩业以来，澳门入境游客逐年增加。澳门统计局的统计资料显示，自1961年以来，澳门游客人数呈增长趋势(表4.2)。

游客的增长带动了酒店业的发展。据统计，1999年澳门各星级酒店总数40家，客房总数8 848间；到2009年，十年间各星级酒店总数增至59家，供给客房18 690间。与此同时澳门游客消费也有较大的增长，1999年，澳门游客人均消费1 373澳门元；到2009年，人均消费增至1 616澳门元；2010年，人均消费增至1 812澳门元。

表 4.2　历年来澳游客统计　　　　　　（单位：千人次）

年份	游客人数
1961 年	531.2
1971 年	1 601.0
1981 年	3 677.3
1991 年	4 181.9
1993 年	6 080.3
1994 年	7 833.8
1995 年	7 752.5
1996 年	8 151.0
1997 年	7 000.4
1999 年	7 443.9
2001 年	10 027.9
2002 年	11 530.8
2003 年	11 887.9
2004 年	16 672.6
2007 年	26 993.0
2008 年	22 933.2
2009 年	21 752.8
2010 年	32 570.0
2011 年	28 002.3
2012 年	28 082.3
2013 年	29 324.8

资料来源：澳门统计暨普查局

三、工业

在澳门的四大支柱产业——旅游博彩业、出口加工业、金融业和建筑地产业中，工业的地位仅次于旅游博彩业，工业总产值占澳门本地生产总值的20%左右。工业曾经是澳门的第一大产业，尽管近年来澳门工业已退居旅游博彩业之后，但其存在与发展始终是澳门社会稳定的基石。

目前，澳门工业体系以轻纺工业为主体，主要包括制衣、针织、玩具、电子制品等工业部门，呈现出四大特点：第一，企业规模小。澳门工业以中小型企业为主，分散经营；工业门类单一，生产工序简单，无法满足工艺复杂、外部协作较多的生产要求。第二，劳动密集。澳门工业企业的生产设备和技术比较落后，产值比较低。第三，外向度高。澳门工业产品以纺织品为主体，全部或大部分外销。由于许多欧美国家给予澳门贸易优惠，因此70%以上的出口加工产品主要销往欧美市场，亚洲市场居次。第四，订单生产。澳门企业基本按照合同订单安排生产，对外依赖性大，特别是对香港和中国内地的依赖性更大。

澳门工业曾经有过辉煌。在20世纪70年代中后期，澳门工业曾出现"小阳春"的景象。到80年代中期，澳门工业达到鼎盛，有工厂2700家，就业人员8万多人，产值占澳门本地生产总值的37%，成为澳门经济的第一大产业，是澳门外汇收入的主要来源。进入90年代后，澳门工业的增长速度逐渐下降，甚至出现连年负增长。到2008年，澳门工业在职员工下降至24 901人，工业总产值14.31亿澳门元，占澳门本地生产总值的比重也明显下降，目前只有20%左右。

澳门工业发展模式与香港相同，同为劳动密集型出口加工业，在一定意义上可以说是香港制造业的翻版。可喜的是，澳门工业发展近年来出现了一些新特点：第一，技术含量高，产值高；第二，摆脱传统市场，开拓产品销售新市场，促进市场多元化发展；第三，工业资本结构产生变化，吸引外资出现了资本多元化的发展趋向。

四、对外贸易

澳门是具有微型海岛经济特征的城市，地域狭小，自然资源贫乏，境内市场狭小，其对外经济联系是维系城市生存和发展的基础。澳门对外经济联系十分广泛，进出口贸易在澳门经济发展中具有特殊重要的地位和作用。目前，澳门已同120多个国家和地区建立了稳定的经济贸易关系。

（一）进口商品结构

澳门进口商品向来以居民生活所需的消费资料为主。20世纪60年代开始，原材料和机械设备的进口迅速增加，而消费品在进口商品中的比重明显下降。到了20世纪70年代，随着移民浪潮兴起，人口剧增，加上内部消费过热，出现消费品进口比重回升的趋势，但是很快降了下来，生产资料的进口仍占主导地位。目前，澳门进口产品大多是食品、饮料、原材料、半制成品、设备和燃料等（表4.3）。澳门进口商品的变化反映出澳门社会经济具有由消费型向生产型城市转化的特点。

第四章 澳门社会经济发展特征

表 4.3 1999~2010 年主要年份进口产品构成表

分类	1999 年 进口总额 /(10⁶ 澳门元)	比重 /%	2004 年 进口总额 /(10⁶ 澳门元)	比重 /%	2007 年 进口总额 /(10⁶ 澳门元)	比重 /%	2009 年 进口总额 /(10⁶ 澳门元)	比重 /%	2010 年 进口总额 /(10⁶ 澳门元)	比重 /%
总数	16 300	100	27 904	100	43 114	100	36 902	100	44 118	100
粮食及活动物	1 019	6.25	1 687	6.05	2 778	6.44	3 498	9.48	4 142	9.39
饮料及烟草	740	4.54	1 656	5.93	2 206	5.12	2 688	7.28	3 409	7.73
未加工的材料,非食用,燃料除外	202	1.24	191	0.68	276	0.64	164	0.44	196	0.44
矿物燃料,润滑剂及有关物质	1 026	6.29	2 157	7.73	4 910	11.39	4 741	12.85	5 285	11.98
动物及植物油,脂肪及蜡	43	0.26	53	0.19	83	0.19	121	0.33	124	0.28
未列名的化学品及有关产品	643	3.94	1 227	4.4	2 107	4.89	2 540	6.88	3 026	6.86
主要按材料分类的制成品	7 167	43.97	7 911	28.35	8 194	19.01	3 381	9.16	3 107	7.04
机械及运输设备	2 912	17.87	6 738	24.15	11 683	27.1	8 823	23.91	10 473	23.74
杂项制成品	2 309	14.17	6 279	22.5	10 868	25.21	10 907	29.56	14 281	32.37

资料来源:根据澳门统计暨普查局《统计年鉴(2011)》相关数据整理

(二)出口产品结构

产品外销量是澳门对外经济联系的重要组成部分。20世纪60年代以前以三大传统工业产品——神香、火柴、爆竹，以及渔产加工品和中国酒类等的出口为主，占出口产品总值的32.8%。随着纺织品制衣业和玩具、丝花、电子工业等工业部门的兴起，澳门出口贸易无论是金额还是数量都有很大的增长，出口贸易的货物结构也发生了很大变化。到了20世纪80年代，原来三大传统工业产品的出口比重迅速降至不到1%，纺织制衣产品占据主要地位，占出口总值的80%。随着澳门工业结构的多元化，珠宝首饰、机器及机械用具产品的出口呈上升趋势。目前，澳门外销产品主要为制衣、纺织、机械设备与零件、珠宝首饰等（表4.4）。显然，澳门地区输出的主要是劳动密集型产品。

(三)对外贸易空间格局

从进口源地看，澳门进口产品主要来源于中国内地、中国香港、日本、美国和法国等地。

具体而言，亚洲地区是澳门进口产品的主要来源地，占进口总额的60%~80%；其中又以中国内地和中国香港为主，约占亚洲进口总额的一半。而从欧盟、美洲的进口比例则相对较小，2010年占总进口额的22.58%。

从进口增长速度的地区差异来看，亚洲进口增速呈下降趋势，1999~2010年由79.74%下降到60.78%；而欧盟则呈稳定或上升态势，1999~2010年由12.90%上升到22.58%（表4.5）。

从出口市场看，20世纪60年代之前澳门产品外销以葡萄牙市场为主，其次是中国香港，约占1/3；20世纪70年代之后葡萄牙市场比重明显下降。80年代之后澳门产品的外销市场逐渐转向欧美，1999~2004年欧洲和美国两地市场占70%以上；但2004年之后欧美市场呈现下降趋势，外销市场逐渐转向亚洲，至2010年亚洲市场已经占68.35%，成为澳门最重要的外销市场。其中，中国香港是澳门当前最大的产品出口市场，进口份额也较大，反映出澳门经济对香港有较大的依赖性。随着内地开放政策的进一步深入及其经济实力的不断增强，中国内地与澳门的贸易更为密切，成为仅次于中国香港和美国的产品出口地区（表4.6）。

总之，澳门地域狭小，生活资料和生产资料基本来自外地，因此对外贸易成为澳门经济的生命线，原材料、设备、消费品依赖进口，而产品外销为澳门外向型经济的基本特征。

表 4.4 1999~2010 年主要年份主要工业品出口构成表

类别	1999 年 出口值 /(10^6 澳门元)	比重 /%	2004 年 出口值 /(10^6 澳门元)	比重 /%	2007 年 出口值 /(10^6 澳门元)	比重 /%	2009 年 出口值 /(10^6 澳门元)	比重 /%	2010 年 出口值 /(10^6 澳门元)	比重 /%
总数	17 580	100	22 561	100	20 431	100	7 673	100	6 960	100
成衣	12 924	73.5	15 602	69.2	11 963	58.6	2 102	27.4	1 314	18.9
纺织布	1 122	6.4	1 577	7	1 070	5.2	222	2.9	189	2.7
玩具	35	0.2	9	0#	9	0#	7	0.1	7	0.1
鞋靴	503	2.9	835	3.7	392	1.9	73	1	61	0.9
动物皮及皮革	13	0.1	26	0.1	26	0.1	11	0.1	6	0#
机器及机械用具	659	3.7	1 135	5	2 195	10.7	626	8.2	449	6.5
香烟及酒	176	1	201	0.9	271	1.3	319	4.2	470	6.8
供电工技术用产品	60	0.3	142	0.6	232	1.1	217	2.8	192	2.8
收音机、电视机等零件及附件	78	0.4	46	0.2	95	0.5	168	2.2	197	2.8
旅行用物品、手袋及有关产品	14	0.1	4	0#	16	0.1	70	0.9	71	1.0
珠宝首饰	5	0#	182	0.8	389	1.9	754	9.8	737	10.6
铜及其制品	8	0#	203	0.9	446	2.2	266	3.5	374	5.4
光学仪器	4	0#	29	0.1	46	0.2	31	0.4	55	0.8

注：0# 表示小于 0.1%
资料来源：根据澳门统计暨普查局《统计年鉴(2011)》整理

表 4.5 1999 年、2004 年和 2010 年澳门进口额地位来源比重表

国家和地区		1999 年		2004 年		2010 年	
		进口金额/(10^6 澳门元)	占进口总额比重/%	进口金额/(10^6 澳门元)	占进口总额比重/%	进口金额/(10^6 澳门元)	占进口总额比重/%
欧盟		2 103	12.90	3 476	12.46	9 961	22.58
	法国	281	1.72	889	3.19	4 040	9.16
	德国	864	5.30	1 025	3.67	1 321	2.99
美国		831	5.10	1 131	4.05	2 619	5.94
亚洲		12 997	79.74	22 325	80.01	26 814	60.78
	韩国	502	3.08	818	2.93	646	1.46
	中国台湾	1 550	9.51	1 354	4.85	1 078	2.44
	中国香港	2 945	18.07	2 950	10.57	4 628	10.49
	中国内地	5 809	35.64	12 394	44.42	13 718	31.09
	日本	1 084	6.65	2 684	9.62	3 812	8.64

资料来源：根据澳门统计暨普查局《统计年鉴（2011）》整理

第四章 澳门社会经济发展特征

表4.6 1965～2010年澳门产品主要外销市场比重表

（单位：%）

国家和地区	欧洲	德国	英国	法国	美国	亚洲	其中 中国香港	其中 中国内地	葡萄牙
1965年	18.12	10.43	0.08	3.51	11.15	—	27.45	0.07	29.82
1980年	54.23	18.64	8.25	15.42	19.58	—	12.52	0.2	3.1
1985年	31.29	10	6	10.51	27.81	—	18.19	6.67	0.47
1999年	30.62	8.8	7.41	5.23	48.94	19.7	6.8	9.2	0.2
2004年	21.92	8.27	4.4	3.09	50.56	24.86	7.55	13.92	0.1
2007年	18.46	6.35	4.02	3.03	42.28	32.8	13.09	14.85	0.01
2009年	8.41	3.86	1.34	1.15	19.17	62.75	39.29	14.56	—
2010年	6.01	2.05	0.92	1.03	11.24	68.35	43.15	15.83	—

资料来源：根据澳门华侨报《澳门经济年鉴》澳门统计暨普查局《澳门统计年鉴（2011）》有关材料整理

五、交通运输、通信与水电业

(一)交通运输业

澳门的交通运输主要由陆路、水路和航空运输组成(彩图1)。

1. 陆路交通运输

澳门地域狭小,由于港窄水浅,发展海上运输的局限性很大,因此陆路交通相对发达。澳门的陆路交通运输包括对外公路运输和市内交通运输两个方面。

(1)对外公路运输

澳门对外公路运输实际是指澳门经珠海与珠江三角洲地区的陆路交通联系。澳门半岛北端的关闸与内地连接,是澳门通往内地唯一的陆路通道。这条公路早先只是由关闸经珠海拱北通到中山市石歧镇,因而又称为歧关公路,全长只有60 km。后来又从石歧向北延伸,一直到广州,全长增加到137 km。1993年,在这条路的东侧又修建了一条与之平行的广珠一级公路,使得澳门同珠江三角洲乃至中国内地的交通往来更加方便。

(2)市内交通运输

澳门市内的交通工具以公共巴士、小巴及出租汽车(的士)为主。澳门的公共汽车业始于1948年,现有新福利公共汽车公司和澳门公共汽车公司两家公司,分别专营澳门半岛及离岛的公共汽车运输业。已开通近40条公共汽车行车路线,有各种巴士300多辆,公共汽车的设备良好,全部装有空调。1998年1月后,澳门又启用了一种适应澳门道路特点的新型公共汽车。澳门的出租车大约有7 000多辆,分黑色和黄色两种。澳门还有一些人力三轮车,但在公共交通方面所起的作用很小,只是作为旅游业的一种点缀。近年来,澳门还与中国内地就广珠铁路延伸至澳门以及建设澳门通向内地的高速公路进行了研究。

在20世纪70年代以前,由于澳门半岛和氹仔、路环两个离岛之间只能靠轮渡往来,陆路交通十分不便。20世纪60年代后,为了改变这一状况,澳门展开了一系列大型交通设施的建设:1969年填海建成了路氹连贯公路;1974年建成了澳门第一座澳氹大桥;1994年第二座澳氹大桥建成通车;1998年6月,连接澳门与珠海的莲花大桥正式动工兴建;2009年12月15日,港珠澳大桥主体建造工程开工建设,一期工程即将完成。

第一座澳氹大桥桥身长2 560 m,宽9.2 m,双线行车,是当年世界上最长的跨海钢筋混凝土梁桥,也是澳门有史以来的第一座跨海大桥,它将澳门半岛、氹仔岛、路环岛三地的交通道路连成一体,大大改善了澳门的交通条件,使全澳的陆路交通进入了一个新的历史时期。

第二座澳氹大桥又称"中葡友谊大桥",由澳门半岛新口岸储水塘北角跨海直达氹仔岛东北角,与澳门国际机场及珠海的交通网相连接,桥长4 400 m,宽16 m,双向4车道,是亚洲最大的跨海大桥之一。

莲花大桥连接澳门路氹填海区与珠海横琴岛,是京珠(北京—珠海)高速公路及105国道向澳门延伸的公路桥梁。大桥开辟了澳门通往内地的第二条陆上通道,改善了澳门对外陆路交通联系,对澳门路氹填海区和珠海横琴岛的开发、两地的经济发展及人员交往和合作起到了促进作用。

港珠澳大桥是一座连接香港、珠海和澳门的跨海大桥,2009年动工,一期工程即将完成。港珠澳大桥对促进香港、澳门和珠江三角洲西岸地区经济的进一步发展具有重要的战略意义。港珠澳大桥投资超700亿元。

澳门除了上述几座跨海大桥外,还有数座重要的市内行车天桥。其中位于新口岸填海区的澳门跨海行车天桥是澳门规模最大的立体交叉桥。该桥连接新口岸新、旧填海区,跨越外港新填海区,由1条主桥和6条支桥组成,大大缓解了澳门中区交通严重堵塞的状况。截至2010年,全澳门道路总长413.1 km,有各类机动车约19.6万辆,平均每千米道路的机动车数量达476辆,每千名居民拥有的机动车数量为355辆,车辆密度之高,在世界上也名列前茅。因此,澳门十分注意改善市区的交通,像澳门半岛松山隧道的开通,不仅改善了澳门外港与中、南区之间的交通,而且开辟了澳门北部工业区通往氹仔岛和路环岛的运输线。

2. 水上交通运输

澳门75%的进出口货物和80%的旅客运输是靠水路交通完成的。可以说,水上交通是澳门人货运输的生命线。澳门的水上交通运输可分为沿海交通运输和内河交通运输。

(1) 沿海交通运输

澳门沿海交通运输以香港的直达交通为主。香港与澳门之间的海上客运交通可说是世界上最繁忙的航线,每天百余个航班24小时不间断地穿梭于两地之间。其中,澳门每日有10多个航班往返香港国际机场,方便香港和外国游客以及澳门市民乘飞机抵港后立即返转澳门,海空连成一线。2010年澳门与中国内地和香港三地间的客轮运输达147 200班次,其中往来香港的航班就有121 299班次,占82.4%,足见水上交通对于澳门客运的重要性。

港澳间的海上货运也十分繁忙。澳门进口的原料、粮食和副食品均通过香港的货船运到澳门内港码头,供应澳门市民及游客。香港利用澳门的廉价劳动力、地租和税收设厂,因此澳门输往香港的主要是加工制成品。20世纪

90年代，澳门开始发展货柜运输，货柜码头于1990年建成，1991年年底投入运营。近年来，澳门海上货柜运输发展较快，2010年海路货柜总吞吐量达91 318个标准货柜，货柜货运量达1 783 780 t，占总货物进出口量的62.7%。

(2) 内河交通运输

20世纪80年代，澳门与内地，特别是珠江三角洲地区的经济联系日益密切，内河运输也随之繁忙起来，陆续开通了到广州、江门、深圳、青岛等地的客货运输航线50多条，还恢复了澳门—珠海的轮渡交通。澳门—珠海（湾仔）的轮渡每日定时开航，遇节假日还要增加班次。澳门每日有7个轮班往来深圳（蛇口）；澳门（新港澳码头）与深圳（福永）之间每天也有喷射飞船，航程约一小时，每天两地对开七个航班。

澳门与内地的内河货运主要运送澳门所需的基本生活资料，如主副食品、蔬菜及部分工业原料等。统计资料表明，在澳门与内地的内河运输方面，无论是船只、乘客，还是货运量，均以珠江三角洲西岸的口岸居多，说明澳门的内河客运主要以珠江三角洲西岸为腹地范围。

(3) 港口码头

澳门半岛东、西两侧各有一个浅水港，西侧为内港，东侧为外港，它们既是澳门对外联系的重要港口，也是珠江口渔轮汇集的基地之一。

内港处于濠江口的湾内，与珠海湾仔隔河相望，是澳门开埠后的主要港口，也一直是联系两广内地的重要口岸。这里风静浪小，是一处良好的船舶天然避风港。内港有30多个泊位，以木码头居多，承担港澳货运与来往内地的客货运输。内港水道狭窄而水浅，低潮时天然水道只有0.5~1 m。而疏浚后的人工航道只有3~3.5 m，只适合千吨小货轮及驳船进出；2 000 t以上轮船进出内港常需借助涨潮。

外港位于澳门半岛东面的澳门新口岸，为往来香港的定期客轮上落乘客所专用，也是来往于港澳波音喷射船、水翼船的唯一码头，平均每日运载乘客超过25 000人次。外港航道宽120 m，航道要靠疏浚才能维持在4~5 m的水深。由于外港面对开阔珠江口，常受偏东强风和波浪袭击，因而在港口前沿筑有规模颇大的防风浪堤。

澳门沿岸水浅，加之堆积作用强烈，没有深水港，从而限制了澳门水上交通运输的规模，也限制了澳门港口物流业以及整体经济模式的发展。为了改变这种状态，满足澳门外向型经济发展的需要，澳门于20世纪90年代先后投资兴建了九澳深水港和新港澳客运码头，疏浚和加深人工航道，使澳门水上运输条件有了较大改善。

九澳深水港于1991年12月建成并投入使用。它位于澳门路环岛东北的九澳湾至大担角之间，又称九澳码头，水深 5 m，总投资 3 亿澳门元。九澳深水港工程分两阶段：第一阶段填海；第二阶段在填海区兴建一个面积约 29 hm² 的货柜码头。分两期工程进行建设：1991 年，第一期工程——占地 4.5 hm² 的货柜码头建成并投入使用，一年可装卸 8 万个货柜标准箱；1994 年，第二期工程——九澳深水港的燃油库竣工，占地 7.9 hm²，包括一个燃油码头和 14 个储油罐，储存民用燃油和飞机用油。九澳深水港的建成，结束了由于澳门水道淤浅，远洋轮要靠香港转口的历史，使澳门的对外贸易获得了更加强劲的支撑。

澳门另一项大型港口码头工程——澳门新港澳客运码头于 1993 年 10 月正式启用。该码头耗资 8.5 亿元，总面积为 6×10^4 m²，设计年客运量达 3 000 万人次，并拥有两个直升机场。澳门新港澳码头专营来往港澳客运航线，全天候运作，目前年客流量已达 1 300 万人次。

氹仔北安码头坐落于澳门友谊大桥氹仔出口西侧，是澳门政府为缓解外港码头旅客流量问题于 2007 年建设的码头。澳门在兴建友谊大桥时候曾利用该码头运输建设物资，其曾发挥过货运功能。

3. 空中交通运输

20 世纪 40 年代和 60 年代，澳门曾经有过空运，不过只限于港澳之间的客运，采用水上起落的方式，发挥作用不大。

澳门直升机场于 1990 年 11 月 27 日正式投入使用，位于新口岸码头平台，由亚太航空公司营运，当时只有日本制造的直升机，每架载 8 名乘客和 2 名机师，乘客仅限于高级行政人员，以及少量特殊游客和赌客。2002 年 4 月又开通了往来深圳及澳门的直升机航班，拉近了珠江东西两岸的距离。2005 年，澳门直升机运输开设外港码头往返香港国际机场的航班，便利旅客。

澳门国际机场位于氹仔东端，填海建成，是澳门特别行政区内唯一的机场，1995 年 11 月正式投入使用，全天候运作，设计客运量为每年 600 万乘客。机场跑道建于一个带状填海地段之上，与氹仔岛上的机场主楼和空中交通管制设施相连接。跑道与裙楼之间由两座桥相连接。控制塔位于原来的"一粒米"岛上。

目前，澳门国际机场与 20 多个国内外城市开通了航班，其中以中国台湾和中国内地的航班最多，其次是泰国、菲律宾、韩国、新加坡等。2010 年澳门国际机场商业航班总数达 37 148 班次，客运量达 4 078 836 万人次，货运量 52 165 t。

(二) 通信业

澳门的通信业由电讯服务、无线电传呼和邮政 3 个行业构成。

澳门的电讯服务业20世纪80年代开始私营化。固定通信网络和对外电讯服务由澳门电讯有限公司专营；移动电话服务于2001年实现有限度开放，除原来的澳门通讯邮电公司继续经营外，增加了和记电话澳门有限公司和数码流动通信澳门股份有限公司两个运营商。目前，澳门共有3个移动电话运营商，2010年澳门固定电话线达168 374条，每千人的固定电话线为305条。

澳门无线电传呼业始于1976年，首家提供无线电传呼服务的是广星传呼中心。1986年电信澳门有限公司设立具有先进技术的电脑传呼台，20世纪90年代传呼服务已逐渐发展至24小时资讯及预约传呼，传呼范围扩展至邻近的珠海、中山及香港等地。90年代中后期，随着移动电话的普及，传呼用户锐减。2001年澳门特区实行电信业开放政策，增发两个移动电话牌照，引入竞争的结果使服务费大降，移动电话用户数量增长很快。至2010年，澳门移动电话用户为1 122 261个，每千人的移动电话用户为1 913户。此外，互联网的使用也日渐普及，至2010年年底互联网用户总数为170 462户，使用时数为422 769千小时。

澳门邮政业已经有200年的历史。1884年设立了第一个邮政局，同年3月正式发行澳门第一套邮票。一般邮递服务由澳门邮电局直辖下的邮务厅和商业厅经营。目前澳门邮政项目齐全，平邮包裹和空邮包裹可寄除越南外的任何国家和地区，澳门已经加入万国邮政联盟、国际电信联盟、亚太邮政联盟和电子邮政巴黎集团等国际性、区域性组织。速递业务除了本地资本的速递公司及邮政局提供服务外，还有多间大型的国际速递公司提供服务。澳门主要与中国内地、葡萄牙、美国、日本、中国香港和中国台湾有快递邮件业务往来。

(三) 水电业

澳门自来水供应始于20世纪30年代初。1936～1966年澳门居民的生活用水完全依靠储量为200×10^4 m³的大水塘供给。随着社会的发展，1966年澳门开始向珠海购买原水。目前，澳门居民饮用的自来水全部来自中国内地，近年来广东省对澳门的供水均维持在23×10^4 m³/d的水平。

澳门的电力供应始于1906年。在1906～1972年的60多年中，澳门的电力工业一直由设立在香港的总公司管理，1972年改为"澳门电力有限公司"。目前，澳门的供电由澳门电力有限公司专营，大部分电力由该公司的发电厂供应，小部分从内地购买。澳门有中、高压变电站11座，电压分别为110 kV、66 kV、11 kV。输配电线路长达900 km，多为地下电缆。2010年，澳门发电总量为$1 077.0 \times 10^6$ kW·h，进口电量$2 786.5 \times 10^6$ kW·h。

六、建筑地产业

(一)建置业发展历程

澳门建筑地产业又称建置业,由建筑业与房地产两大行业组成。20 世纪 80~90 年代,它与出口加工业、旅游博彩业、金融业一起构成澳门四大支柱产业。澳门历史比较悠久,但是由于社会经济不够发达,人口流动性比较大,澳门政府在建置业方面的管理法规欠缺必要的灵活性,因此 20 世纪 60 年代前澳门建置业长期发展缓慢。

20 世纪 60 年代以来,随着澳门工业的发展,人口不断增加,东南亚侨资和中东侨资流入,特别是香港经济发展对澳门工业楼宇、住宅的建置产生了迫切的需求;同时,澳门建置业方面的管理法规有所改进,使澳门建置业获得了发展机会。进入 20 世纪 70 年代后,澳门建置业以前所未有的速度快速发展,至 1981 年达到巅峰,此后起起伏伏经历了若干个发展周期。

从 1967~1993 年的 26 年间,澳门建置业经历了 3 个大起大落的周期。

第一个周期为 1967~1973 年,包括 4 个阶段:①1967~1968 年为萧条阶段。这个阶段澳门大量资金外流,整体经济低落,建置业经营陷入困难。1967 年全年没有一个地盘开工。②1969 年转入复苏阶段。1968 年建置业同行联合要求政府贷款拯救危机中的建置业市场,政府贷款 200 万澳门元支持建置业复苏。1969 年部分商人开始兴建平价楼,推动该业市道转旺。③1970~1972 年进入兴旺阶段。该年澳门第一座屋村佑汉新村建成,建置业蓬勃发展。④1973 年春末转入衰退阶段。外部受香港股市急泻及西方石油危机的影响,内部受供过于求的压力,建置业陷入困境。

第二个周期为 1974~1982 年,也包括 4 个阶段:①1974 年为萧条阶段,不少建筑商一改兴旺时期不愿参投政府工程的做法,转为参投政府工程以维持经营。②1975~1976 年为复苏阶段,沉静的建置市道开始转旺。③1977~1980 年进入高涨阶段。1977 年澳门新旧楼宇及地段的交易共 2 644 家,总值达 1.55 亿元。1978 年部分地皮升幅达 50%~60%。1979 年不少地产交易公司纷纷开业,推动市道兴旺。1980 年地价更上升 1~3 倍。当年新旧楼宇及地段成交共 3 399 宗,总值超过 3 亿元。④1981 年下半年至 1982 年进入衰退阶段,市道交投淡静,空置楼宇达 3 000 处。

第三个起伏周期为 1983~1993 年,也有 4 个阶段:①1983~1984 年为萧条阶段,房地产市道持续低落,楼价逐渐跌至 1977 年的水平。②1985~1989 年进入复苏阶段。1985 年 5 月中葡双方发表《联合公报》,解决了澳门回归问题,澳门政治前途明确,投资者增加信心,买家相继入市。1985 年楼价比 1984 年上升25%～35%，地价比1984年上升16%～21%。到1989年下半年，房地产市道滑落，楼宇价格下跌10%～30%。至1989年年底，楼市才逐步回升5%～10%。③1990年建置业仍处调整阶段。④1991年下半年至1993年上半年建置业进入历史发展高峰阶段。1991年上半年，楼市明显转旺，下半年地价更剧升50%～100%。1992年房屋单位买卖成交金额为66.18亿元，比1993年上升了97%，而买卖承诺单位数目为13 824个，比1991年仅增多了30%。到1993年下半年，房地产市道供过于求的矛盾加剧，市道趋向淡静，建置业再度进入调整期。

1993～1997年，澳门新建成各类楼宇单位的总数高达60 615个，平均每年新建成的单位超过12 000个，其中住宅单位为49 133个，占总数的81%。在此期间，每年新旧楼宇成交的个案在14 300～11 500个之间，成交的金额则维持在58亿～75亿澳门元之间，在澳门经济中占有重要的地位。

然而，随着地价、楼价狂升，房地产业盲目发展，楼宇已远远超过了市场需求和实际购买能力，在新建成的各类楼宇中有相当部分没有交易，这就是澳门所谓的空置楼宇问题。关于空置楼宇的数量，根据澳门统计暨普查司1996年中期的住户调查，一般认为澳门的空置楼宇数量在40 000～50 000个之间。造成澳门房地产市场供过于求、空置严重的原因有三个方面：一是政府批地批建计划的总量失控；二是发展商对澳门房地产市场的供需关系缺乏基本的估计，完全不顾需求，毫无理性地增加供给；三是外来资金的炒作对房地产市场的供求失衡起了推波助澜的作用。为了改变澳门楼市疲弱的情况，地产商和政府采取了多种措施来刺激需求，地产商方面采取的救市措施主要是割价求售和大幅提高楼宇按揭成数至九成。与高峰期相比，现时楼价普遍下调四成以上。政府采取的救助措施主要有4项：①将逾期卖地溢价金利息减半；②增加政府工程；③推出协助居民购置自住物业的4厘利息补贴优惠利息贷款计划；④推出吸引外来投资者的投资居留法，并将不动产金额由200万元减至100万元，后又将香港人士置业居留的不动产金额降至50万元。1997年澳门楼宇单位成交量和成交金额分别比上年增加24.87%和3.8%，新动工地盘和落地地盘数目比上年减少15.65%和34.9%。

1999年澳门特别行政区政府成立后，延续和加强建置业的复苏措施，如于2001年修订的划一税条例，将物业税转移改为印花税，把澳门半岛的印花税由6%下调3%，使其与氹仔相若。2003年随着澳门整体经济的改善，澳门建置业开始走出低谷，并一直维持比较稳定的状态。

至2010年，澳门建成楼宇单位的总数达234 430个，新建及扩建的楼宇单位数为4 527个；新动工的楼宇单位数目为870个，环比下降43.8%；成交楼宇数达 29 617 个，环比增加 71.7%；成交的金额为 567.54 亿澳门元，环比增加 115.8%。但是，仍有空置楼宇 22 836 个。由此可见，澳门房地产市场仍存在严重供过于求，资金大量积压。

(二) 建筑承判制

澳门建筑业通常采用工程建筑分判形式。即建筑商人从私人或政府手中取得承建工程合约后，通常会根据整个专业的需要，将工程分为若干部分，以包账形式分别判给持有相关工程资质的人士或者是公司承做。承判又可以分为两种形式，即判上判和级判。前者是建筑公司将工程判给某一判头后，该判头又将工程原封不动复判给另一个判头承建，从中赚取利润。后者指判头签署工程合约后，再将工程划开几部分，分别给其他判头承建。

(三) 填海造陆

澳门地区面积狭小，而且多丘陵和台地，供城市发展的土地资源比较缺乏。从 19 世纪 60 年代开始不断进行大规模的填海拓地工程。由于外部和内部多种因素的影响，澳门经济在 20 世纪 60 年代之前一直发展缓慢，大片填海土地长期闲置，得不到合理利用。20 世纪 60~70 年代开始，随着澳门经济的迅速发展，新填海土地逐步得到开发，大部分建起了楼宇和房舍，不少土地已批或在建。

至 2010 年，澳门土地面积已由 1912 年的 11.6 km^2 增加到 29.7 km^2，2013 年，更增至 30.3 km^2。经过 100 多年，澳门填海共造出 19.93 km^2 的土地，远远超过原先的土地面积。其中，氹仔与路环之间的填海区——陆氹填海区面积为 5.8 km^2。填海造地为澳门经济发展提供了重要的土地资源。

七、金融业

自葡萄牙的大西洋银行在澳门设立了分行以来，澳门金融业经历了近百年的发展历史。在此之前，澳门已有一些华人经营钱庄、银号，主要业务是融资、信托、兑换货币、转账过户等，但由于当时规模太小，金融业难以扩展。20 世纪 60 年代后，大批东南亚华侨到澳门定居，刺激了当地房地产业、轻工业发展。但由于受当时的经济环境限制，金融业发展一直比较缓慢。直到 20 世纪 70 年代末，出口加工业、旅游博彩业和建筑地产业的共同带动，活跃了金融业的放款、存款和汇款业务，澳门的金融业才开始进入一个新阶段。1977 年，澳门元与港币实行联系汇率制度，在香港金融市场的带动下，澳门金融稳定，外汇储备迅速增加，金融业才正式形成一定规模，成为澳门的支柱产业之一。

澳门没有中央银行。1989 年，澳门总督颁布法令撤销曾是货币发行、金融管理的官方发行机构，成立具有近似中央银行功能及监管权力的金融管理局。澳门的金融业是银行业、保险业、黄金市场、证券市场等的总称，其中，银行业和保险业是金融业的两大重要组成部分。

(一)银行业

1970年8月，澳门颁布第一套银行法(第411/70号法令)，又称旧银行法，标志着澳门银行制度正式建立，首次形成了澳门银行业初级"三级制"银行体系：注册银行、注册银号和兑换店。1993年7月，政府颁布《澳门金融体系法律制度》(第32/93/M号法令)，更进一步完善了澳门金融业监管制度，有助于澳门进一步保持金融活动自由、开放的特征和银行业的稳健经营。

目前，20世纪70年代所定立的澳门银行业"三级制"体系依然存在：处于最底层的是注册银号，专营货币兑换业务，主要是澳门货币与港币的兑换业务；处于中间层次的是注册财务公司，主要从事中期和长期投资；处于最高层次、发展最完善、构成澳门金融业主体的是商业银行，主要经营存、放款业务。

澳门是一个自由港，不实行外汇管制，资金进出自由，政府对外币存款不征利息税，对经营外币存款也无准备金要求，因此外资银行纷纷来此开业，银行资本国际化程度较高。截至2011年，属澳门金融管理局监管的有28家银行，其中12家为本地注册(包括1家储金局)，而另外16家为外地注册；还有1家金融公司，从事有限制的银行业务；还包括11家兑换店、6家兑换柜台、2家现金速递公司、2家金融中介公司及1家其他金融机构的办事处(表4.7、表4.8)。

表4.7 澳门银行信用机构情况表

信用机构名称	分行数量	总行所在地
当地金融机构		
大丰银行有限公司	23	澳门
永亨银行股份有限公司	12	澳门
汇业银行有限公司	11	澳门
中国建设银行(澳门)股份有限公司	10	澳门
中国工商银行(澳门)股份有限公司	15	澳门

续表

信用机构名称	分行数量	总行所在地
澳门国际银行股份有限公司	11	澳门
澳门商业银行股份有限公司	15	澳门
澳门华人银行股份有限公司	2	澳门
必利胜银行股份有限公司	1	澳门
大西洋银行股份有限公司	14	澳门
香港上海汇丰银行有限公司	4	香港
星展银行(香港)有限公司	2	香港
中国银行股份有限公司	28	北京
法国巴黎银行	1	法国
花旗银行	1	美国
渣打银行	1	英国
广发银行股份有限公司澳门分行	5	广州
永丰商业银行股份有限公司	1	台湾
创兴银行有限公司	1	香港
东亚银行有限公司	5	香港
恒生银行有限公司	1	香港
中信银行国际有限公司	1	北京
交通银行股份有限公司	1	上海
葡萄牙商业银行股份有限公司	1	葡萄牙
第一商业银行股份有限公司	1	台湾
永隆银行有限公司	1	香港
离岸金融机构		
BPI银行股份有限公司	1	葡萄牙
储金行澳门离岸附属机构股份有限公司	1	澳门
其他信用机构		
邮政储金局	9	澳门
澳门通股份有限公司	2	澳门
金融公司		
工银(澳门)投资股份有限公司	1	澳门
合计	183	

资料来源：根据澳门金融管理局数据整理

表 4.8　澳门其他金融机构情况表

机构名称	性质
BDO（澳门）现金速递有限公司	现金速递公司
盈菲国际（澳门）现金速递有限公司	现金速递公司
中银信用卡(国际)有限公司	金融机构
瑞昌银号有限公司	兑换店
同利银号有限公司	兑换店
葡京找换有限公司	兑换店
国际运通(找换)有限公司	兑换店
百汇兑换有限公司	兑换店
亚洲兑换店有限公司	兑换店
欧德利兑换有限公司	兑换店
中华（澳门）兑换有限公司	兑换店
第一国际资源（澳门）兑换有限公司	兑换店
环球通找换有限公司	兑换店
华融兑换店有限公司	兑换店
澳门博彩股份有限公司	兑换柜台
威尼斯人澳门股份有限公司	兑换柜台
永利度假村（澳门）股份有限公司	兑换柜台
银河娱乐场股份有限公司	兑换柜台
新濠博亚博彩（澳门）股份有限公司	兑换柜台
美高梅金殿超濠股份有限公司	兑换柜台
海通国际证券有限公司	金融中介公司
新鸿基投资服务有限公司	金融中介公司

资料来源：根据澳门金融管理局数据整理

澳门银行网点密集，28家银行共有180多家分行，按29.5 km² 面积、54.4万人口计算，平均每平方千米有近6家银行，每2 989人就配有一家银行，再加上其他提供存取现金服务的自动柜员机，在澳门可随时获得周到的银行服务。

(二)保险业

保险业是除银行业以外,在澳门经营规模最大、范围最广的金融产业,已有100多年的发展历史。最早的保险业主要经营海运险、火险和人寿险,保险代理公司主要是欧洲、美国及日本等地较具规模的保险公司。随着20世纪60~70年代经济的发展、居民收入的提高和生活水平的改善,澳门保险业开始得到相应发展。如银行业一样,保险需求在20世纪70年代后期至80年代初期的澳门经济起飞后迅速膨胀,来自美国、中国香港、葡萄牙、英国及中国内地的保险公司相继获准在当地成立。

澳门的保险业分人寿保险及非人寿保险两大类。至2010年年底,在澳门经营保险业务的保险公司达23家,主要是来自中国内地、中国香港,以及自葡萄牙、美国、英国等国家和地区的保险公司。其中,12家为非人寿保险公司,11家则同时获得人寿保险及私人退休基金管理的经营许可(表4.9)。按地理位置的分布,其中8家是在澳门特别行政区成立的,其余15家则为海外保险公司的分公司,分别来自5个国家和中国香港特别行政区。最大的非人寿保险公司是中资的太平保险股份有限公司;而人寿保险则是外资公司的天下,美资的有友邦保险有限公司、万通保险亚洲有限公司和安泰人寿保险股份有限公司,法资的有国卫保险有限公司,中资的有人寿保险股份有限公司(表4.10)。

表4.9 澳门保险业公司数量变化表 (单位:个)

年份	1997	1998	1999	2000	2001	2002	2003	2004	2005	2006	2007	2008	2009	2010
人寿保险															
本地	—	1	1	2	2	3	3	3	3	3	3	3	3	3
外地	6	5	5	7	7	8	8	8	8	8	8	8	8	8
非人寿保险															
本地	3	3	3	5	5	6	6	5	5	5	5	5	5	5
外地	12	12	12	10	10	10	9	9	8	8	8	8	7	7
合计	21	21	21	24	24	26	26	26	24	24	24	24	23	23

资料来源:澳门金融管理局数据;澳门统计暨普查局《统计年鉴(2011)》

表 4.10 澳门获得批准的保险公司情况表

保险公司名称	总公司所在地
人寿保险公司	
美国友邦保险(百慕达)有限公司	百慕达
中国人寿保险(海外)股份有限公司	中国内地
加拿大皇冠人寿保险公司	加拿大
国卫保险(百慕达)有限公司	百慕达
宏利人寿保险(国际)有限公司	百慕达
澳门(人寿)保险有限公司	澳门
忠诚世界保险公司(人寿)	葡萄牙
安泰人寿保险(澳门)股份有限公司	澳门
美国万通保险亚洲有限公司	香港
联丰亨人寿保险股份有限公司	澳门
汇丰人寿保险(国际)有限公司	百慕达
非人寿保险公司	
美亚保险香港有限公司（澳门分行）	香港
亚洲保险有限公司	香港
MSIG 保险(香港)有限公司	香港
中国太平保险(澳门)股份有限公司	澳门
联丰亨保险有限公司	澳门
澳门保险有限公司	澳门
闽信保险有限公司	香港
汇丰保险(亚洲)有限公司	香港
汇业保险股份有限公司	澳门
澳洲昆士兰保险(国际)有限公司	澳洲
安达保险股份有限公司	澳门
忠诚世界保险公司(非人寿)	葡萄牙

资料来源：根据澳门金融管理局数据整理

(三)证券市场

澳门没有本地的证券市场,以香港市场为重要依托。证券市场主要包括股票市场、存款市场和基金市场等。由于本地区经济规模小,吸引外资能力弱,上述市场范围十分狭窄。澳门经营股票买卖的商号至1990年只有3家。大丰银行于1986年发行过一批五年定息可转让港币存款证,在居民无买卖证券习惯的情况下,二级存款证市场开设后并无交易进行。基金投资发展较迟,1987年基金市场建立以来,只有一家代客投资基金的专业顾问公司。至20世纪80年代末,发行机构尚未制订有关证券法规。1990年年初,澳门政府曾酝酿设立证券交易所,但由于市场条件不成熟,该计划的实施被无限期推迟。

澳门证券买卖多通过香港的金融机构进行交易,加上澳门的金融业与香港同业有着长期的合作伙伴关系,两地间的金融信息互通,使投资者对香港企业发行的证券有较深入的认识,故香港的证券容易成为澳门居民感兴趣的投资对象。截至2010年年底,投资于香港证券的市值为245亿元,占澳门居民境外证券投资总额的19.5%。当中,投资在股权证券、长期债券及短期债券的市值分别为149亿元、78亿元及18亿元,依次占相关投资类别总额的21.3%、15.0%及41.9%。

(四)货币制度

根据《基本法》规定,澳门作为相对独立的经济区域,享有高度的自治权,澳门币将作为澳门特别行政区的法定货币继续流通。澳门的货币为澳门币,单位为元(葡语为Pataca)。回归后的澳门,澳门货币发行权在澳门政府,政府并没有全部收回过去长期由外资银行垄断发钞的权利,而是和葡萄牙政府共同商定,授权由大西洋银行及中国银行澳门分行两家商业银行共同发行货币,额度各占50%(其在1995年之前一直由大西洋银行发行)。目前,作为澳门法定货币的澳门币,其纸钞面值有5元、10元、50元、100元、500元和1 000元六种;辅币分为1毫、2毫、5毫、1元、2元、5元共六种。

由于实行金融自由港政策,资本可自由流动。在市场上,澳门币和港币可自由流通,人民币在消费领域被大部分商户所接纳,其他货币需兑换后使用。从历年统计看,市场上流通货币以澳门币和港币为主,呈现典型的双币流通格局,其中港币占有重要地位,是澳门第一大流通货币;其次辅以小额美元、英镑、人民币等币种。由于澳门是一个没有外汇管制的地区,居民和游客可直接到银行或兑换店以澳门元兑换外币,这在一定程度上有利于促进澳门外汇业务的发展。澳门元与港元联系汇率制度构成澳门货币制度的重要内容,澳门元近几年的汇率走势见表4.11。

表 4.11　澳门元汇率表(每百外币单位澳门元)

币种＼年份	2005	2006	2007	2008	2009	2010
港币	103.00	103.00	103.00	103.00	103.00	103.00
人民币	97.78	100.25	105.60	115.46	116.88	118.18
新台币	24.94	24.62	24.47	25.48	24.18	25.40
美元	801.09	800.06	803.60	802.06	798.42	800.22
英镑	1 458.20	1 469.93	1 608.87	1 489.65	1 251.59	1 236.50
欧元	997.21	1 002.72	1 100.49	1 180.92	1 113.09	1 060.88
澳大利亚元	610.64	601.69	673.51	685.52	632.69	735.60
新西兰元	564.36	518.89	591.28	573.41	507.21	577.22
新加坡元	481.37	502.94	533.25	567.88	549.55	587.47
瑞士法郎	644.24	638.01	669.98	743.26	737.21	768.83
韩元	0.78	0.84	0.87	0.74	0.63	0.69
日元	7.29	6.89	6.83	7.76	8.54	9.13
马币	211.55	217.97	233.74	241.24	226.69	248.84

资料来源：《统计年鉴(2011)》(澳门统计暨普查局，2012)

第二节　城市建设

一、城市建设用地拓展

澳门由于地狭人稠，作为市区的澳门半岛几乎所有的土地早已被利用。而城市建设需要依赖土地，因此，澳门的城市建设过程与填海造陆密不可分。按照填海造陆在总面积中的比重，澳门无疑是世界上最大的。以造陆著称的荷兰，填海面积占陆域的比重只有30%，而澳门的比重高达2/3。1840年澳门总面积只有10.37 km^2，到2010年已达29.7 km^2。在一个半多世纪内，陆地面积增加了差不多两倍。

澳门半岛的正式填海开始于1863年，而大规模的填海始于1866年。1866～2009年先后进行了五次大规模的填海拓地：最初是在南湾，将沿岸海滩填高，筑成堤岸，并在拓建的岸边形成了南湾街，但当时填海的面积很小。1866～1913年是澳门第一阶段的大规模填海时期，填海工程集中在半岛西侧的北湾和浅湾，使半岛面积增加到 3.4 km²，即用了近半个世纪的时间新填陆地面积仅有 0.6 km²，可见填海在当时是非常艰难。第二阶段大规模填海时期从 1924~1938 年，主要在外港和内港的南段进行填海，使半岛西北角的台山、青州、筷子基形成一个三角洲地段与半岛连为一体。第三阶段大规模填海时期为 1939~1985 年，不仅在半岛实施了许多重大的填海工程，南部的氹仔、路环两岛也开始了大规模的填海工程。1986~1996 年的第四阶段填海工程随着澳门经济的发展而加快，澳门国际机场人工岛、南湾湖整治、新口岸填海等多项大型填海工程相继完成；其中，澳门国际机场人工岛是最宏伟的填海工程，是在两个离岛东侧填海而成，跑道长 3.59 km，宽 45 m，面积为 1.16 km²，是继日本大阪国际机场后的第二座大型填海机场。第五阶段为 1996~2010 年，这个时期完成了渔人码头、关闸边检大楼、跨境工业区和将氹仔和路环两岛连成一体的路氹填海区等工程。澳门总面积因填海而不断扩大（表 4.12）。

表 4.12 澳门陆地面积情况表 （单位：km²）

地区＼年份	1840	1866	1912	1985	1996	2005	2007	2008	2009	2010
澳门半岛	2.8	2.8	3.4	6.0	7.7	8.9	9.3	9.3	9.3	9.3
氹仔	7.6	2.3	2.3	3.8	5.8	6.5	6.7	6.7	6.8	6.8
路环		5.9	5.9	7.1	7.8	7.6	7.6	7.6	7.6	7.6
路氹填海区	—	—	—	—	—	5.2	5.6	5.6	5.8	6.0
总面积	10.37	11.0	11.6	16.9	21.3	28.2	29.2	29.2	29.5	29.7

资料来源：根据澳门统计暨普查局《统计年鉴》数据整理

澳门的大规模填海是特殊的地理背景和科学技术发展结合的产物。地理环境方面，澳门是沉降性海岸区，岸线曲折且多浅湾，潮差不大，水流不急，便于填海；经济和人口持续发展，后备用地不足，填海技术成熟是澳门大规模造陆的社会原因。1995 年澳门人口 42 万，九成住在半岛。人口密度最大的圣安多堂区每平方千米在 10 万人以上，拥挤不堪。经济收入宽裕后，人们迫切需要改善居住环境，增加活动空间。而现代填海技术成本不断降低，效率高，效益显著。以北区填海为例，1992 年平均每平方米填海成本为 5 936 港元，而同期北区附近土地的成交价达到每平方米 6.3 万港元，填海工程可以收到巨大的经济回报，所以填海造地成了澳门的一大特点。

二、城市发展

澳门的城市发展主要分为堡垒城市和近现代都市两个时期。

(一)堡垒城市时期

从16世纪澳门开埠到1849年,属澳门城市发展的堡垒城市时期。16世纪中叶以后,澳门逐步被葡萄牙占领,按照葡萄牙当时的社会形态,澳门成了一个受宗教控制的地区,教会对城市的建设具有决定性影响。1583年,澳门被葡萄牙当局定名为"圣名之城",包含两层含义:其一,从精神上说,葡萄牙在这里建立的城市是一座上帝之城,有许多教堂和忠诚的传教士,这个城市的市民对上帝无比忠诚;其二,从物质形态的建筑风格说,澳门是一个教会建筑之城。在澳门最初的一批建筑中,最有名的是三大教堂:圣安多尼堂、风顺堂和望德堂。

从最初出现的建筑物、教堂的分布,可以发现澳门城市的建设历程,重构其最初的城市社会空间发展模式。先在澳门半岛找到合适的定居点,而这些定居点因为人们所信教的组织背景不同分散在几个区域内。然后在这些定居点里建立了他们最初的教堂,这就是城市发展的最初节点。在这些节点上,人们建立了居住点和教堂之间以及教堂与教堂之间的联系,最后形成一个完整的街区。澳门最初城市建设的这些规则影响着澳门城市的发展方向,使得澳门内城成为一个完整有序的系统。澳门的城市在1557~1849年之间的发展,呈现为一个逐渐演化形成的"一元双核三社区"的基本模式。1623年澳门葡城围墙的基本建成,是这一模式基本确定的标志,这是澳门城市的基本布局形式,也是澳门城市的发展模式。

"一元双核三社区"模式的基本内涵如下:首先,澳门各类经济、社会、文化等活动及人口高度集中于澳门半岛,此谓"一元"。其次,澳门城市有两个政治中心——以议事会为中心的葡萄牙人的政治中心;以葡城外望厦村为最终落脚点的中国政权政治中心,此谓"双核"。最后,在社会空间结构上,根据不同人群的分布,可以将澳门城市分为三个社区:第一个社区是从沙栏仔街到大炮台,北由城墙到三巴门直到南湾,向西南由大三巴到营地大街,通过议事亭前地到龙嵩街,再到风顺堂,面向南湾的社区,这是一个非常完整的葡国人社区。第二个社区是从沙梨头村开始,沿城墙向外到望厦村,直到关闸的华人社区,这个社区遵循中国传统社会的生活规律和习惯。在半岛最南端的妈阁村也是传统的中国人社区,这个社区的人们采用的是中国传统的乡村生活模式。第三个社区是分布于营地大街至内港的中葡人士混合社区。为了实现海外贸易的利润,社会关系呈现出分工与协作的态势,社区之间实现了城市的内外城产品的服务和交换。

"一元双核三社区"的结构，形成了澳门城市社会空间发展的基本模式。澳门城市的发展变化，实际上就是城市社会经济活动向半岛外拓展、两个基本权力核心寻求平衡、三个社区之间互动的结果。1849年以后，"一元双核三社区"的模式逐渐被打破，由于中国政府的处境日见困难，中葡之间的权力平衡在澳门被突破，澳门城市延续了三个世纪的"一元双核三社区"结构被摧毁。澳门城市逐渐从社区城市走向社会城市。

(二)近现代化都市发展时期

1849年以后，澳门城市发展进入近现代化都市发展时期。两个权力核心和三个社区的结构虽然被打破，但其对澳门城市经营的影响依然存在，城市的发展仍在此基础上演变。

澳门城市结构的演变受到几种力量的影响。首先，第一次鸦片战争结束后，许多外国商人来到澳门，或进入广州同中国人做生意，澳门的城墙开始拆除，打破了原来堡垒城市的格局。其次，有许多广州人也迁入澳门居住，使得原来城内主要是葡萄牙人居住的地方，许多华商也居住其间，葡华分居的局面出现融合，华人把中华文化的很多内容都带进了城内。再次，葡萄牙人趁香港开埠，争取到更多的管理权。他们拓展了城市的空间，开发了北部离岛，建设了港口、郊区，并开始填海扩城，城市的范围逐渐扩大；同时通过发展劳务输出、贸易和博彩业，使得澳门的旅游业逐渐发达起来。最后，在城市建设上学习香港的规范化管理方式，使城区更加现代化。在上述四种力量的综合影响下，澳门形成了"二元多核心"的城市结构。

所谓"二元多核心"的城市结构，即是以澳门半岛及路氹填海区两个区域为中心的经济活动布局及城市发展的结构。相对于原来各类经济、社会、文化等活动及人口高度集中于澳门半岛的情况，"二元"结构的演变主要是把上述各类活动和人口在一定程度上转移至路氹填海区，使其成为一个新的集中点，并使澳门半岛和路氹填海区不会因此产生相互竞争或排斥的现象。与此同时，活化澳门传统的"多核心"街区人文网络。在尊重原有的城市纹理与街坊社区的前提下，合理地在半径300~500 m的范围内，强化社区的核心区域；政府机关、公共设施合理分布于各个社区内，各社区以主要干道、轨道运输系统和公交系统作联结，形成一个城市管理及运输网络。

澳门从堡垒城市的"一元双核三社区"结构发展到现代化城市的"二元多核心"结构的过程，可以说是从一个封闭的城市走向开放的过程。

三、功能分区

澳门城市土地利用的类型多样，主要类型有：商业用地、商住用地、居住用地、工业用地、道路用地，以及机关团体社区用地、文教用地、市政设施用地、码头仓库用地、绿化用地等。除其他用地，以商住用地占用面积最大，其次是居住用地。2010年商住及居住用地占了土地总面积的9.09%，而工业用地占土地总面积的3.03%（表4.13）。

表4.13　澳门土地利用分类面积情况表　（单位：km²）

土地类别	2008年 面积	2008年 比重	2009年 面积	2009年 比重	2010年 面积	2010年 比重
商住用地及居住用地	2.7	9.25%	2.7	9.15%	2.7	9.09%
商业用地	0.2	0.68%	0.2	0.68%	0.2	0.67%
工业用地	0.9	3.08%	0.9	3.05%	0.9	3.03%
其他用地	21.4	73.29%	21.6	73.22%	21.8	73.40%
道路用地	4	13.70%	4.1	13.90%	4.1	13.80%
总面积	29.2	100%	29.5	100%	29.7	100%

资料来源：地图绘制暨地籍局

按照现阶段土地利用和经济发展情况，可以将整个澳门分为中心商务区、工商业居住混合区、工业区、居住区、机关文化教育区、港口码头区、绿化区和旅游区等八大功能区。

（一）中心商务区

在新马路东段、殷皇子大马路及与它们相交的南湾街一带，是澳门地区的金融、商业中心。澳门过去只是一个小城市，商业区不大且分散，金融业也不发达，中心商务区没有形成。随着近十多年来澳门经济的持续发展，这里矗立起十多座高层商业大厦，全澳20多家银行大多数的总行或总办事处都设在此，如高达33层、设计新颖的玻璃幕墙国际银行大厦、高达30层的南湾商业中心、高达20层以上的时代商业中心、高达38层中国银行大厦、澳门商业银行大厦、中建商业大厦、财政司大厦等。在这些写字楼大厦内办公的有各种各样的商业机构、贸易公司、外贸银行、保险公司、建筑公司、律师楼、审计师楼、旅行社等。一些重要的政府机关也在本区建有自己的大楼或在一些写字楼大厦内办公，如政府合署、市政厅、司法警察司、财政司、经济司、澳门货币暨兑换监理处、建设计划协调司、邮电厅等，澳督府也邻近该区。澳门的中心商务区不仅是金融、商业中心，而且也是政府机关的心脏地带，随着新口岸、新老填海区的开发建设，中心商务区也逐渐沿友谊大马路向东扩展。

(二)工商业居住混合区

澳门的纯商业楼宇不多，大都集中在中心商务区，余下的只是零星分散于各处。大量的商店都在住宅楼宇的底层铺面开设，而上面各层则供住户居住。此外，还有不少小型工业场所分布于住宅楼宇中。工商业区和居住区在空间上混杂在一起，形成了工商业居住混合区。

澳门半岛大部分地区都属于工商业居住混合区。最大的一个混合区在市区的西南部，以新马路和十月初五街为中心，包括火船头路、康公庙前地、草堆街、营地街及清平街一带，包括巴素打尔古街、火船头街、清平直街、福隆新街、板樟堂街等，横跨花王堂区、大堂区和风顺堂区，是澳门最繁华、人口最稠密的地区。百货公司、银行、洋杂货业集中在新马路，酒楼、茶室业多在十月初五街等。

在半岛南部内港一侧，河边新街和下环街一带，分布着另一个古老的工商业居住混合区，范围较小，规模也不大。此外，在半岛的中部偏北，高士德马路、镜湖马路、罅些喇提督大马路、俾利喇街之间及其附近是一片较大的工商业居住混合区，但是历史则远远不及上述两区古老。该区中心的卢九街、义字街一带，已经成为了澳门中、低档商品的购物中心之一。

(三)工业区

澳门半岛的工业场所相当分散，稍微集中的有四片：东北部的黑沙环，西北部的青洲和筷子基，西部的沙梨头、新桥、林茂塘，南部的下环。其中，位于花地玛堂区的东北部和西北部工业场所占全澳门四成多。东北部工业区企业规模较大，是20世纪80～90年代发展起来的新兴工业区，主要行业有纺织、制衣、塑料、玩具、电子、皮革等。西部和南部工业区分别在圣安多尼堂区和风顺堂区，工业场所各占全澳三成多和一成多，企业规模较小，设备及工艺较落后，多分散于工商业居住混合区中。位于路环与氹仔之间的新填海区，将可能成为澳门未来的一个新兴工业区。

(四)居住区

在澳门半岛中部，一般居住区基本上分布于澳门旧城墙北段的两侧，南部居住区主要分布于妈阁街、高楼街、风顺堂街、鹅眉街、三巴仔街的两侧。在花地玛堂区的黑沙环、马场、台山、青洲及筷子基一带是低收入居住区。在澳门半岛南端的西湾沿岸以及妈阁山、西望洋山半山腰的绿树丛中，分布着各具特色的别墅式洋房,那是澳门的高级居住区。在东望洋山西麓新花园一带、高士德马路及美副将马路之间的东段,也是较高级的住宅区。

(五)机关文化教育区

澳门政府机关、社团,特别是学校,都很分散,主要分布在中心商业区往南、北延伸的地带中,亦即主要分布于半岛东部南湾及东望洋山西麓及南麓一带。

(六)港口码头区

澳门最大的港口码头区,是澳门半岛西岸的内港。从澳门半岛南端的妈阁向北到沙梨头,大约2 000 m长的港区密密麻麻地分布着38个码头。内港的南段和北段主要是沿海和内河货运码头,也有渔船停泊。最大的南光公司码头就在南段。中段靠近新马路西端有曾开往广州、江门等地客轮的粤通码头,来往澳门和广东珠海湾仔的渡轮停泊在那里。过去码头大都是木结构,近10多年来基本都改建成混凝土结构。为了节省用地,码头上靠马路边都盖起了楼宇,用作仓库或办事处,有的则成为酒店。

澳门半岛东岸是外港,建有港澳客运码头。澳门还有一个港口码头区,即位于路环岛东北的九澳港,是20世纪80年代末开始兴建的大型货柜和燃油码头。

(七)绿化区

绿化区由澳门半岛几个山丘和散布于市区各处的公园组成。前者有东望洋山(松山)、西望洋山(主教山)、妈阁山、望厦山、青洲山;后者如白鸽巢公园、大炮台、卢廉若公园、螺丝山公园、纪念孙中山市政公园、何贤公园、二龙喉公园,以及其他一些小型的花园等。它们是市民游憩和游客游览的好去处,极大地改善了市区生态环境。其中,东望洋山(松山)是澳门半岛最高、最大的丘陵,除了山麓被开发作为城市建设用地之外,茂密的树林保护得相当好。

(八)旅游区

澳门经过东、西方文化几百年的相融交汇,形成了今日"中西结合,华洋共处"的社会和城市结构。这里既有富于时代动感的现代化高楼大厦,又有东方色彩的寺院庙宇、体现西方文艺复兴时期风格的天主教堂、欧洲中世纪的古堡式炮台等,表现出澳门作为文明交汇点的特有魅力,吸引着世界各地的游客。旅游区大体分成南部、中部、北部和东部等几个区域。南部旅游区以半岛南端的妈祖阁和主教山为主要旅游景点;中部旅游区以著名的大三巴牌坊、大炮台和白鸽巢公园为主;北部旅游区主要是观音堂、莲峰庙等;东部旅游区有著名的东望洋灯塔和东望洋环山公路等。

四、规划设想

澳门用400年的时间演绎了城市的崛起、成形和跳跃发展的历史进程；又用40年的时间实现了城市的现代化转型；澳门还要用30~40年的时间完成城市面向未来的升华，用可持续发展的理念实现城市的持续繁荣，并不断提高城市居民的生活素质。根据《澳门城市概念性规划纲要》，澳门城市发展的定位是：在经济适度多元的发展策略引导下，以旅游博彩业为经济主体，以中西文化交融为城市特色，以精致宜人为发展导向，以持续繁荣为发展目标，以开放包容为城市性格的旅游宜居之地、持续发展之都、世界活力之城。

基于澳门城市发展定位和功能区分布现状，澳门特别行政区政府于2008年所做的澳门城市概念性规划对各功能区的发展做出了引导：半岛为核心商务区、主要的工业区和商住混合区，充分发挥半岛的商业文化功能；氹仔为生态居住区，同时发展娱乐博彩业；路氹填海区为城市发展新区；路环为运动休闲区、旅游度假区和生态居住区，以康体休闲为主。据此，澳门城市空间发展将体现"一轴二心三组团"的结构模式：即以轨道交通及干线轴为"一轴"，以半岛老城市中心和路氹填海区新城市中心为"二心"，以半岛商业文化组团、氹仔娱乐博彩组团和路环康体休闲组团为"三组团"的未来理想发展模式（彩图2）。

第三节 人口与文化特征

一、人口特征

明代中叶以前，澳门只是中国南部沿海一个小渔港，在此定居的人口很少。开埠以后，澳门人口才开始随着本地商业的发展而迅速增加。从有人口统计数据的1562年到2011年，澳门人口由800人增加到557 400人，增长了690多倍。但在葡人入澳后的400多年间，澳门人口的数量前后经历了十余次的起伏波动，每一次起落都与其本身及周围地区的政治、经济形势的变化息息相关[①]。

---

① 缪鸿基，何六章，雷强，等. 澳门[M]. 广州：中山大学出版社，1988

(一)澳门人口的构成特征

1. 性别构成

澳门人口的性别构成在历史上出现了多次起伏波动。澳门最早在1830年做过人口性别统计，当时男性仅占总人口的34%，女性占66%，性别比[①]仅为52。这种异常的人口性别构成与当时澳门社会有较多的女奴有关。20世纪以来，澳门人口男少女多的现象得到改变。1939年，男女数量已基本相当，在245 194的总人口当中，男性有124 051人，占50.6%，性别比为102.45。第二次世界大战前后，由于内地大量男性人口流入澳门，澳门人口的性别构成呈现出男多女少的特征。1950年男性人口占52.69%，女性则占47.31%，性别比为111.37。进入20世纪50年代后，由于新生婴儿中女婴比重较大而死亡人口中男性比例较高，加上新中国成立后大批男青年回迁内地或到海外谋生，澳门人口的性别构成再次呈现女多男少的特征。如1960年男性人口只占总人口的49.55%，女性人口占50.45%，性别比为98.22。20世纪60年代以后，澳门男性人数又有了较大幅度的增长，并逐渐超过女性人数。如在1970年，男性人数占51.36%，性别比升为105.59。这种现象一直持续到20世纪80年代，主要是由大量大陆男性迁入澳门引起的。实际上，澳门同期的新生婴儿在性别构成上为女多男少；而在死亡人口当中，除个别年份外，基本上都是男多女少。

到了20世纪90年代初，澳门男性人口再次少于女性人口，1991年澳门的人口性别比降为94.2。因为从80年代末开始，在由内地和境外迁入澳门的移民中，女性占60%以上；而在澳门20 000多名外地劳动力中，女性更是占7成以上。同期澳门本地的新生婴儿却是男多女少，2004年、2005年、2006年新生婴儿性别比分别为112.1、106.4和108.6。2011年年底，在澳门总人口中，女性占51.9%，男性占48.1%，当年的新生婴儿共5 852人，性别比为109.7。2011年澳门人口各年龄组的性别构成如图4-1所示。

由上述可见，由于人口基数较小，澳门人口的性别构成受人口的迁移影响较大。其中，大陆人口的迁入或迁出主导了澳门历史上数次的人口性别构成转换。

2. 年龄构成

从20世纪50~90年代，澳门人口的年龄结构逐渐由年轻型向成年型转变，人口的平均年龄也逐渐增大，1960年为26.1岁，1970年26.0岁，

---

① 性别比是指在一定人口群体中每100个女性人数所对应的男性人数，计算公式为：
性别比＝(某地某时男性人数/某地某时女性人数)×100

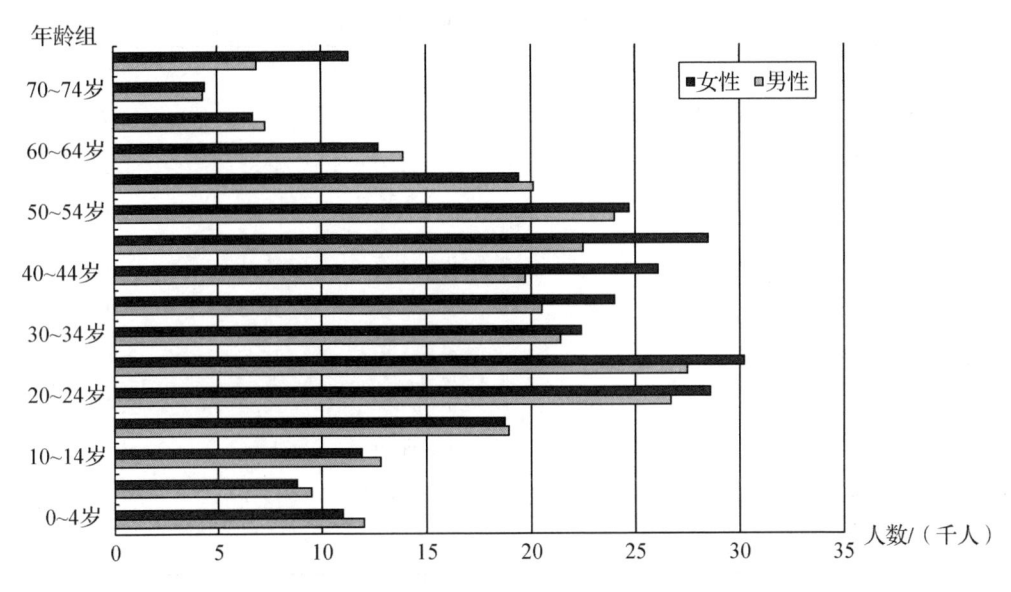

图 4-1　2011 年澳门人口各年龄组的性别构成

1981年升为30.7岁，1991年为30.4岁。这一时期，澳门人口的中位年龄也是逐渐上升的，1960年的人口中位年龄为21.45岁，1970年为24.20岁，1981年为29.38岁，1991年为29.35岁[1]。这表明，这一时期的中老年人口在增加。由于人口出生率逐年下降，澳门逐渐迈向老年社会。20世纪70年代以前，澳门人口的年龄结构尚属年轻型，从80年代开始，则明显进入老年型结构。2011年，澳门老年人口系数[2]达7.3%（按≥65岁为老人计）或12.1%（按≥60岁为老人计），老龄化指数为102.3%，中位年龄超过35岁，均已达到国际通用的老年型人口结构的界定标准（表4.14、表4.15）。需要说明的是，由于移民人口大多较年轻，移民数量对于人口基数相对较小的澳门来说所占比重不小，所以外来移民对澳门人口老龄化趋势起到一定的减缓作用。适度吸纳移民有利于澳门保持充裕的劳动力供给和延缓人口的老龄化。

---

[1] 郑天祥，黄就顺，张桂霞，邓汉增. 澳门人口[M]. 澳门：澳门基金会，1994：56—57
[2] 老年人口系数是指老年人口在总人口中所占的百分比，联合国统计司规定，老年人口系数在7%以上的人口结构为老年型。老年人口系数的计算公式是：
老年人口系数＝（59或64岁以上人口数/总人口数）×100%

表 4.14 2011 年澳门人口的年龄构成

年龄组	人数/(千人)	比例/%	年龄组	人数/(千人)	比例/%
0～4 岁	23.0	4.1	40～44 岁	45.8	8.2
5～9 岁	18.4	3.3	45～49 岁	51.0	9.1
10～14 岁	24.6	4.4	50～54 岁	48.7	8.7
15～19 岁	37.6	6.7	55～59 岁	39.6	7.1
20～24 岁	55.2	9.9	60～64 岁	26.6	4.8
25～29 岁	57.6	10.3	65～69 岁	13.9	2.5
30～34 岁	43.8	7.9	70～74 岁	8.7	1.6
35～39 岁	44.5	8.0	≥75 岁	18.3	3.3
总数	557.4	100.0			

资料来源:《人口统计(2011)》(澳门统计暨普查局,2012)

表 4.15 2011 年澳门人口年龄构成与国际通用人口年龄构成类型标准比较

指标名称	年轻型人口	成年型人口	老年型人口	2011 年澳门人口年龄构成
少儿系数*/%	>40	30～40	<30	11.8
15～59 岁人口百分比/%	<55	55～60	≥60	76.0
老年人口系数/%				
≥60 岁为老人	<7	7～9.9	≥10	12.1
≥65 岁为老人	<4	4～6.9	≥7	7.3
64 岁以上、15 岁以下人口百分比之和/%	<15	15～30	>30	19.2
老龄化指数**/%	<15	15～30	>30	102.3
中位年龄(岁)	<20	20～30	>30	>35

注: *少儿系数=(0～14 岁人口数÷总人数)×100%
   **老龄化指数=(59 或 64 岁以上人口数÷15 岁以下人口数)×100% (≥60 岁为老人)
资料来源:《人口统计(2011)》(澳门统计暨普查局,2012)

3. 国籍构成

由于历史的原因，澳门人口的国籍构成比较复杂，包括各大洲的110多个国家和地区。但在澳门居住人口中，以中国籍和葡萄牙籍所占比重最大，其他如菲律宾籍、韩国籍、美国籍、英国籍、法国籍、巴西籍和泰国籍的人口，也占一定的比例。由表4.16可知，在20世纪70年代以前，澳门人口中95%以上是华人，葡籍人口在2%～5%之间，其他国籍的人口不到0.5%。

表 4.16　澳门人口的国籍构成

年份	人口总数（人）	华籍人口 人口数/人	华籍人口 占总人口/%	葡籍人口 人口数/人	葡籍人口 占总人口/%	其他籍人口 人口数/人	其他籍人口 占总人口/%
1910	74 866	71 021	94.9	3 601	4.8	244	0.2
1920	83 984	79 807	95.0	3 816	4.6	361	0.4
1939	245 194	239 803	97.8	4 624	1.9	767	0.3
1950	187 772	183 105	97.5	4 066	2.2	601	0.3
1960	169 299	160 764	95.0	7 974	4.7	561	0.3
1970	248 636	240 008	96.6	7 467	3.0	1 161	0.4
1981	241 729	177 691	73.5	49 007	20.3	15 031	6.2
1991	355 693	240 496	67.6	101 245	28.5	13 952	3.9
2001	435 235	414 200	95.2	8 793	2.0	12 242	2.8

资料来源：《澳门人口》(郑天祥，黄就顺，张桂霞，等，1994)[64]；澳门统计暨普查局的2001年澳门人口普查资料

由于葡籍和外国籍人口在教育、就业和出国等方面享有优惠，20世纪70年代以来，一部分华人申请加入了葡籍和外国籍，导致其后华籍人口比重大幅下降。澳门统计年鉴的数据显示，20世纪80年代至20世纪最初几年，获准在澳门居留的外籍人士明显增多，但从2008年以后大幅减少。2008年获准在澳居留的外籍人士共7 917人，比上一年减少了81%。2010年获准在澳门居留的外籍人士共有4 455人，其中254人(5.70%)来自欧洲的22个国家，25人(0.56%)来自非洲的5个国家，196人(0.40%)来自美洲的12个国家和地区，3 974人(89.20%)来自亚洲及太平洋地区的24个国家和地区，另有6人来自其他地区或国籍不明。2010年澳门共有外地雇员75 813人，其中包括来自欧洲27个国家和地区的540人(0.71%)、非洲9个国家和地区的49人(0.06%)、美洲13个国家和地区的556人(0.73%)、亚洲及太平洋地区31个

国家和地区的74 668人(98.49%)。

在澳门华人中,华侨占有相当的比重。根据20世纪80年代的统计,澳门的华侨共有50 000多人。其中,以东南亚华侨最多,总计超过40 000人,东南亚华侨中又以缅甸归侨最多,约30 000人,印度尼西亚归侨约8 000人,柬埔寨归侨约3 000人;其次为非洲归侨,约有1 000人,以马达加斯加归侨为主;再次为美洲归侨,约数百人。据估计,2007年澳门华侨人数已增加到90 000多人。

此外,在澳门还有一个特殊的群体——"土生葡人[①]",目前大约有20 000多人。"土生葡人"的血统较为复杂,既有中葡混血儿,也有葡人与巴基斯坦人、意大利人乃至拉丁美洲人的后代。"土生葡人"已把根扎在澳门,他们中的大多数在葡萄牙本土已基本没有任何近亲,但却大多有华籍亲友,而且通晓中、葡两种语言。

4. 文化构成

随着教育的普及和教育水平的提高,澳门人口的整体文化素质较以往明显提高,近年来就业者的受教育程度显著提高。由于澳门拥有开放的社会环境并与多国保持密切的贸易往来,澳门的专业人才往往精通多种语言,具有丰富的国际交流经验。但由于就业环境和教育设施配备等方面还存在不足,澳门人口的整体文化素质依然不尽如人意,与本地经济发展水平并不相称。

澳门的高等教育发展历史不长,且不够规范。在20世纪80年代以前,澳门境内没有一所正规大学,学生中学毕业若要继续深造,只能远赴香港或美、加等地求学。直到1981年才正式成立东亚大学(后更名为"澳门大学")。目前澳门共有12所各类高等院校。

根据澳门2001年人口普查资料,该年受过高等教育的人数共有31 425人,仅占人口总数的7.4%。其中,在15~59岁成年组具有大学学历的人数为29 023人,仅占成年组人口总数的9.7%。2007年,在澳门就业人口中,26.1%为小学及其以下学历,30.3%为初中学历,24.4%为高中学历,19.2%为大学学历。人才缺乏一直是困扰澳门的一大问题,尤其表现在专业技术人员和高层次管理人才相当缺乏。以往澳门的中高层管理人员和技术人员九成以上来自香港,但他们对澳门而言,只是"候鸟型"人力资源。同时,由于工作待遇偏低和某些专业岗位缺乏等问题,澳门一些出外深造的高端专业人才却没能回澳就业,转而向香港及境外流失。从澳门人力资源现状来看,

---

① 所谓"土生葡人"是指在澳门的葡萄牙后裔居民,即在澳门出生、具有葡萄牙血统的澳门居民,包括葡人和华人或其他种族人士结合所生的混血儿,以及长期或数代居澳的葡人及其后代

高层次人才依然相对较少，人口总体文化素质偏低，经济高速发展与人才奇缺的矛盾日益突出。这对澳门提高整体竞争力将产生巨大的影响。

从供需比较来看，澳门的学前教育设施明显不足，统计资料显示，路环地区的学前教育还是空白。未来澳门还需要进一步增加教育投入，全力普及基础教育和高等教育。同时，还应根据社会经济发展需要，制订专门人才吸引计划和相应的政策措施。

5. 职业构成

澳门人口的劳动力参与率较高，2010年共有劳动人口32.76万人，其中就业人口31.83万人，劳动力参与率为71.5%，失业率仅为2.8%，就业不足率为1.8%，总体来说就业比较充分。

澳门人力资源主要集中在3个行业，2010年团体、社会及个人的其他服务（含博彩业）占23.91%，住宿、餐厅、酒楼及同类场所占13.57%，批发零售及维修业占13.29%（表4.17）。在2010年的31.83万从业人员中，有4.48万人从事彩票及其他博彩活动（博彩业），占从业人员的14.07%。博彩行业的发展，对澳门人口的素质具有深远的影响。由于博彩业对员工文化素质要求不高，且其薪酬水平远高于行业平均数，使本地许多年轻人早早放弃了学业，投身赌场。这在客观上对澳门人口素质的提高产生了不利影响。

(二) 澳门人口的分布特征

澳门是世界上人口密度最高的地区之一，而其内部的人口分布又极不均衡。分布在澳门半岛的人口最多，路环最少。在历史上，仅澳门半岛的人口基本保持平稳的增长趋势，而氹仔和路环则因区位和开发条件的限制，人口总数出现多次涨落起伏，路环的人口数量至今未恢复到1939年和1980年的水平（表4.18）。

2010年年底，澳门人口总数为552 300人，平均人口密度为18 300人/km^2。其中面积仅9.3 km^{2}的澳门半岛共有465 900人，占澳门人口总数的84.4%，而7.6 km^{2}的路环岛仅有3 800人，只占人口总数的0.7%；半岛区的人口密度高达50 100人/km^2，是路环500人/km^{2}的100倍多。若按堂区论，则花地玛堂区的人口数量最多，2007年该堂区的人口达21.19万，占澳门总人数的39.4%（表4.19）；圣安多尼堂区的人口密度最高，达111 000人/km^2，是圣方济各堂区（路环）人口密度的234倍（表4.20）。

表 4.17　澳门就业人口的职业构成

行　业	2000 年 总数/(千人)	2000 年 比例/%	2005 年 总数/(千人)	2005 年 比例/%	2010 年 总数/(千人)	2010 年 比例/%
总数	195.3	100	237.5	100	318.3	100
农业、畜牧业、狩猎、林业、捕鱼业及采矿工业	0.4	0.20	0.4	0.17	0.6	0.19
制造业	38.0	19.46	35.3	14.86	15.3	4.81
电力、气体及水的生产及分配	0.8	0.41	1.2	0.51	0.9	0.28
建筑业	16.2	8.29	22.9	9.64	27.5	8.64
批发及零售业，机动车、摩托车、个人及家庭物品的维修	30.1	15.41	35.3	14.86	42.3	13.29
住宿、餐厅、酒楼及同类场所	21.1	10.80	24.9	10.48	43.2	13.57
运输、储藏及通信	14.6	7.48	14.8	6.23	18.5	5.81
金融业	6.9	3.53	6.6	2.78	7.4	2.32
不动产业务、租赁及向企业提供的服务	10.5	5.38	14.3	6.02	27.7	8.70
公共行政、防卫及强制性社会保障	16.4	8.40	18.8	7.92	21.6	6.79
教育	8.0	4.10	10.3	4.34	11.8	3.71
医疗卫生及社会福利	5.2	2.66	5.3	2.23	8.1	2.54
团体、社会及个人的其他服务	21.5	11.01	40.8	17.18	76.1	23.91
家庭雇佣	5.3	2.71	6.2	2.61	17.1	5.37
其他及不详	0.1	0.05	0.3	0.13	0.1	0.03

资料来源：《统计年鉴(2010)》(澳门统计暨普查局，2011)

表 4.18　澳门人口分布变化

年份	总人口/人	澳门半岛 人数	澳门半岛 比例/%	氹仔 人数	氹仔 比例/%	路环 人数	路环 比例/%
1910	75 866	66 497	87	6 001	7.9	3 366	5.1
1920	83 984	76 972	92	4 854	5.7	2 185	2.3
1927	157 175	148 456	94	5 595	3.5	3 124	2.5
1939	245 194	231 953	95	7 887	3.2	5 358	1.8
1970	248 636	241 413	97	5 352	2.1	1 871	0.9
1980	316 673	306 878	97	5 567	1.8	4 228	1.2
1986	426 400	416 200	97.6	6 500	1.5	3 700	0.9
2001[注]	435 235	388 647	89.3	41 786	9.6	2 904	0.7
2010	552 300	465 900	84.4	82 600	14.9	3 800	0.7

注：2001 年分布在水域的人口数为 1 898 人。

资料来源：《澳门》(缪鸿基，何大章，雷强，等，1988)[91]；《人口估计(2007)》(澳门统计暨普查局，2007)；《澳门资料(2011)》(澳门统计暨普查局，2012)

表 4.19　澳门人口的堂区分布

堂　区	2005 年 人数/(千人)	2005 年 比例/%	2006 年 人数/(千人)	2006 年 比例/%	2007 年 人数/(千人)	2007 年 比例/%
总数	484.3	100.0	513.4	100.0	538.1	100.0
圣安多尼堂	110.7	22.9	115.4	22.5	122.1	22.7
望德堂	30.9	6.4	31.6	6.2	32.8	6.1
风顺堂	48.0	9.9	49.4	9.6	51.0	9.5
大堂	41.2	8.5	41.5	8.1	43.3	8.0
花地玛堂	191.4	39.5	205.6	40.0	211.9	39.4
嘉模堂(氹仔)	56.7	11.7	64.7	12.6	71.6	13.3
圣方济各堂(路环)	3.6	0.7	3.4	0.7	3.6	0.7
水域	1.9	0.4	1.8	0.4	1.8	0.3

资料来源：《人口估计(2007)》(澳门统计暨普查局，2007)

表 4.20　澳门各堂区人口密度比较　　　（单位：人/km²）

堂区	2005 年	2006 年	2007 年
平均	17 174	17 951	18 428
圣安多尼堂	100 636	104 909	111 000
望德堂	51 500	52 667	54 667
风顺堂	48 000	49 400	51 000
大堂	13 733	12 206	12 735
花地玛堂	59 813	64 250	66 219
嘉模堂(氹仔)	8 723	9 954	10 687
圣方济各堂(路环)	474	447	474

资料来源：《人口估计(2007)》(澳门统计暨普查局，2007)；《统计年鉴(2007)》(澳门统计暨普查局，2008)

总的来说，澳门人口分布具有北部(半岛区)多、南部(离岛区)少，老城区多、新城区和偏远地区少的特征。受地形分布的影响，氹仔人口主要分布在中部，而路环的人口主要分布在四周的海边地带。

除上述人口构成与分布特征外，澳门人口还具有流动人口多、人口流动性强的特点。一方面，来澳门旅游、探亲的人口甚多。在20世纪80年代，每年入澳门的游客达数百万人次，2001年突破1 000万，2006年突破2 000万，2010年为2 496.5万，是澳门本地居民人数的45倍，相当于平均每天有近7万游客入境。另一方面，澳门居民的流动性也较强。据统计，2005～2010年澳门居民平均每年有2 544万人次出境，相当于每个澳门居民平均每年要出境48次。

二、澳门的文化特征

澳门有400多年葡人管治、多种族人口混居的历史，这些都不可避免地在澳门文化上留下了深深的烙印，使其具有明显的殖民城市的社会印记和文化特征。由于葡人入住中国土地并与华人长期混居，这种独特的历史环境使得中葡文化在澳门这个弹丸之地长期碰撞、交流与融合，并与因通商或传教而进入澳门的西班牙、荷兰、意大利、法国、比利时、丹麦等西方民族文化以及日本、菲律宾、马来西亚、越南、柬埔寨、印度、印尼、文莱等东方民族文化交汇融合，形成了特殊的"澳门文化"。

（一）多元交汇，华洋兼容

澳门自16世纪中叶开埠以来，即凭其开放与繁荣为东西方文化的交汇、融合创造了条件，"华洋杂处""中西合璧"是澳门文化的基本特征。毋庸置疑，澳门文化复杂而特殊，其内涵中既有深厚的中国传统文化基础，又有以近代西欧文化为主体的西方文化的渗入；既有中国地域文化之一的岭南文化的鲜明特征，又有以葡萄牙文化为主流的南欧文化的不少印记。澳门人口向来以华人占大多数，以不同文化群体的人口而论，澳门的主导文化显然是中华文化。而作为少数部分的葡人则长期掌握着澳门的政府及相关资源，因此，华人和葡人所代表的两种文化能长期并存，既未被另一方同化，也未能生成一种崭新的主体文化[①]。

澳门的很多人既会广东话、普通话，也懂英语、葡语，人称"一国两制三货币（葡币、港币、人民币）四语言"。在澳门的各种刊物、印刷品及街头广告等，通常都是中、英、葡三种语言并用。但尽管已经共处四百多年，中、葡两种语言却保持着各自的独立性，葡萄牙语几乎完全没有进入汉语词汇，这与英语词汇大量进入汉语词汇的香港形成了鲜明的对照。

在澳门，还呈现出教堂与寺庙并立、龙舟与赛车齐发、咖啡葡挞与面条咸鱼同食、西服革履与唐装麻鞋共装的多元化文化景观。这种海纳百川、兼容并包的大融合文化的长期熏陶，使澳门人既有现代人的简洁明快，又颇具古人不以物喜、不以己悲的超然之风；既有现代人的奋进和拼搏，又有陶渊明式的安谧从容，呈现出现代化与传统相辅相成、共存合一的人文景象。可以说，是多元交汇的文化背景造就了澳门人的性格。

澳门的宗教文化亦是东西结合，多教混杂。在澳门的宗教主要有佛教、道教、基督教、伊斯兰教、巴哈伊教、摩门教、基士拿教等，中国传统的道教文化，"妈祖文化"和外来的基督教、伊斯兰教、巴哈伊教、犹太教等宗教文化在澳门和平共处、交融合璧。16世纪时澳门曾是天主教的东亚传教中心，有"圣城"和"东方梵蒂冈"之称。至19世纪中叶，澳门已成为东方佛教、道教和西方各宗教派别的共聚地。在葡萄牙人的"管治"下，居澳华人的宗教信仰得到了普遍尊重，东方的古老庙宇与西方的天主教堂毗邻相处是澳门的一道独特风景。在400多年的葡居澳门史上，没有出现过一起因宗教信仰差异而引发的冲突。

（二）地位特殊，形象独特

"澳门文化"是一种既不同于东方文化又不同于西方文化的独特文化。其

---

① 金国平，吴志良．镜海飘渺[M]．澳门：澳门成人教育学会，2001：202－203

宗教文化、语言文化、建筑文化、饮食文化、传播文化、商业文化及本土文艺等均有别于传统中国文化和西方文化[①]。

澳门在中西文化交流中占有特殊的地位,中国第一所西式大学——圣保禄教堂、中国第一所西式医院——白马行医院、中国的第一所西式印刷厂——圣保禄学院附属印刷厂、中国的第一家外文报纸——蜜蜂华报,都在澳门诞生。澳门作为中西文明的交汇点,在中西文化交流中扮演了重要的角色,是向中国传播欧洲文化的前沿窗口,1807年基督教从西方传入中国的第一站即是澳门。

在澳门城区内有中国境内现存最古老、规模最大、保存最完整和最集中的东西方风格共存建筑群,它们见证了澳门400多年来中西文化互相交流、和谐共存的历史。西洋建筑传入中国,最初也是从澳门开始的。澳门还是中国油画的发祥地。季羡林先生认为,在中国五千多年的历史上,有过几次文化交流的高潮,而最后也是最重要的一次,是明末清初时期西方文化的传入。"……传入西方文化者实为葡人,而据点则在澳门。"[②]

"博彩文化"是澳门文化的又一大特色。博彩业是澳门最古老、最具活力的产业之一,早在清光绪年间就已出现赌博业,澳门的"博彩文化"可谓由来已久。1962~2001年期间,澳门赌业由澳门博彩有限公司(简称"澳博")独家经营,2002年后澳门博彩经营权实行有限开放,由1家独营变为澳门博彩有限公司、永利度假村(澳门)股份有限公司(简称"永利")和银河娱乐场股份有限公司(简称"银河")3家共营。银河、金沙和威尼斯人等新赌场的开业,为澳门博彩文化增添了新的色彩,呈现出赌场空间布局与装饰风格和谐化、赌场氛围舒适化、博彩项目多样化与主题化、博彩服务人性化、博彩形象差异化以及博彩经营专业化与国际化等新发展趋势[③]。赌权的有限开放,拉斯维加斯博彩经营方式、管理技术的引进,为澳门博彩业建立了竞争机制,带来了"鲇鱼效应",对澳门博彩业经营产生了深刻的影响,使澳门博彩业开始实行多元化发展策略,并将博彩与休闲、娱乐、文化等相结合,使其内涵更加丰富。

目前,澳门已成为"世界第一赌城"。在这块弹丸之地,处处弥漫着强烈的博彩气息。赌场闪烁变幻的霓虹灯、气势恢弘的音乐喷泉、金碧辉煌的大堂、热烈喧嚣的节目表演和令人眼花缭乱的各式赌具,给人一种"夜夜笙歌""灯红酒绿"的印象。赌博或"幸运博彩"作为文明的异数、文化的另类,显示

---

① ② 鲍志成. 从宗教建筑看中西文化在澳门的交融合璧和分流共存[J]. 东方博物,2005(1):100—109

③ 林美珍,郑向敏. 澳门博彩文化发展的新趋势[J]. 旅游科学,2006,20(4):75—78

了澳门形象中的另一面。有研究表明，人在赌博时体内会产生一种叫阿片肽的物质，使人处于极端兴奋的状态，可最大限度地获得对刺激的满足感。这大概是澳门赌客络绎不绝的原因之一。但赌博毕竟不是娱乐性的纸牌游戏，绝大多数赌客都不是怀着一颗平常心来"娱乐"的，在赌场这个特殊的人生舞台上，巨额资金的瞬间转换，演绎出多少人间悲喜剧！无论是千金顷刻化为乌有甚至倾家荡产，还是一夜暴富，都是一种被扭曲、被放大了的人生际遇。赌场的畸形"繁荣"，难掩人性贪欲过度的丑陋；博彩的长期"兴旺"，难消经济根基脆弱的隐忧。

第二篇 分论

第五章　澳门半岛

章前语

　　澳门半岛由低丘和平地组成，处于澳门陆路咽喉位置，是澳门地区的核心地带。它是在海岛基础上沉积而成的，并因填海造陆而扩大成当前的轮廓及规模。虽三面临水，但缺淡水和良港。澳门半岛全部为城区所覆盖，是澳门中心城区之所在，城内道路多呈东北—西南和西北—东南走向，基本形成方格形路网。中西合璧的街道景观和动感烂漫的滨海风情是其城市景观的主要特色。受早期城市结构的影响，澳门半岛呈现出同心圆式的土地利用结构和城市空间格局。根据城市设施的分布及其功能差异，半岛内可分为居住区、商住区、工业区、机关学校区、港口运输区和绿化旅游区等功能区。在半岛旧城区的核心地带，是中国境内现存最古老、规模最大、保存最完整、最集中的中西建筑共存的历史城区，包含了20多处历史建筑，总面积约 7 km^2。该城区已于 2005 年 7 月被列入《世界遗产名录》。未来澳门城市发展将呈现"一轴线二中心三组团多核心"的空间格局，其中半岛区的总体功能定位为商住区，同时还应保持多核心的多元化经济布局，进一步发展基于历史、文化的创新产业和特色街区。

关键词

　　澳门半岛；同心圆；城市景观；历史城区；城市规划

第一节　地理区位和地理特征

一、地理区位

　　澳门半岛位于澳门的最北部，北与珠海拱北接壤，南望氹仔岛，东临大海，西隔濠江与珠海湾仔相望(图 5-1)。澳门半岛在澳门地区处于陆路咽喉的位置，是澳门的核心地带。澳门半岛位于珠三角西翼的东南端，东距香港

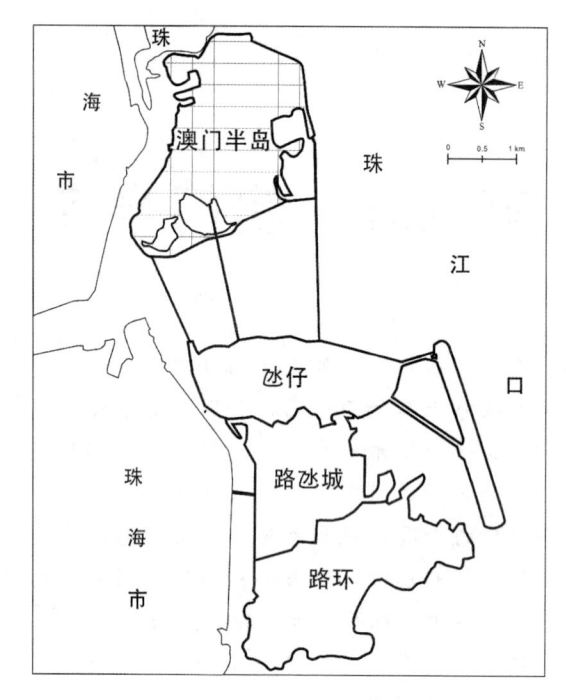

图 5-1 澳门半岛在澳门的区位

61 km，距中山 40 km，距广州 105 km。从经纬度位置来看，澳门半岛位于东经 113°32′47″，北纬 22°11′51″（松山灯塔）。

二、地理特征

　　澳门半岛呈南北向带状延伸，且南宽北窄，状如靴形。它原是海中岛屿，因连陆洲发育而成半岛。由于地处北回归线以南，半岛具有明显的热带性地理景观。澳门半岛由低丘和平地组成，以平地为主，目前平地约占整个半岛面积的 82%，其余为丘陵地带，丘陵高度在 50～90 m 之间（表 5.1），均由粗粒花岗岩构成。半岛的地势是从中部向西北倾斜，四周则被白鸽巢公园、大炮台山、东望洋山、螺丝山和莲花山环抱。半岛的平地大部分为人工填海而成，主要分布在丘陵、台地的外围，如西部的下环、沙梨头，新桥北部的青州、台山、筷子基、马场、黑沙环，南部的新口岸、南环街一带。半岛内的台地面积较小，由于它的地基承载力大，坡度小，高度又低于丘陵，多数台地上都建了高层建筑。松山东麓、妈阁山西南、白鸽巢山及青洲山等地，花岗岩因风化而成的节理发育，部分台地有石蛋堆积，其中"海镜石"、"洋船石"、贾梅士石洞附近的石蛋，已形成特殊的地貌景观，别具韵味。

表 5.1 澳门半岛的主要山丘

山　丘	东望洋山	大炮台山	西望洋山	妈阁山	马交石山	青洲山	望厦山
海拔/m	90.0	57.3	62.7	71.6	48.1	54.5	60.7

资料来源：《统计年鉴(2007)》(澳门统计暨普查局，2008)

因为填海造陆，澳门半岛的陆地面积不断扩大，由 1840 年的 2.78 km² 增加到 2010 年的 9.3 km²，扩大了两倍多。2010 年澳门半岛面积占澳门总面积的 31.3%（表 5.2）。半岛海岸线长度为 15 km，占澳门海岸线总长度的 31.5%。半岛地区的填海造陆工程早在清同治二年（1863 年）就已开始，比 20 世纪初才开始填海的离岛区早了 100 多年。半岛区因为面积不断扩大，曾一度成为三"岛"中面积最大的一块，但在氹仔、路环两个离岛因填海造陆而连成一体之后，它便成了面积相对较小的部分。2010 年，路氹填海区面积已达 6.0 km²。

表 5.2 澳门各部分的面积比较　　　　　　（单位：km²）

年　份	澳门总面积	半岛区	离　岛　区			
			氹仔	路环	路氹填海区	小计
1985	16.92	6.05	3.78	7.09	—	10.87
2005	28.2	8.9	6.5	7.6	5.2	19.3
2006	28.6	9.3	6.5	7.6	5.2	19.3
2010	29.7	9.3	6.8	7.6	6.0	20.4

资料来源：《统计年鉴(2007)》(澳门统计暨普查局，2008)；《澳门资料(2011)》(澳门统计暨普查局，2012)

澳门半岛东西岸的地貌差异较大。东岸多岗地，由于直接面向大海，海蚀地貌特征明显，在松山东麓一带海崖峭立、海穴散布，但由填海而成的松山南麓及新口岸一带海蚀地貌则不明显。半岛西岸实为濠江岸堤，岸线总体平直顺畅，而筷子基南北的水域和青洲岸线实为人工填筑而成；由于受西江磨刀门冲积的影响，河道淤积明显，河床已有沙洲沉积。

澳门半岛虽三面临水，距珠江水系磨刀门出口仅 15 km，但因处于伶仃洋西侧的浅滩，淤积旺盛，发展港口的条件并不佳，整个半岛基本上被 0～−2 m 的水下浅滩包围。目前除内、外港航道及半岛南航道水深在 3～5 m 外，其他海岸水深均不超过 2 m。由于面积狭小，澳门半岛内无一河涌，仅在南部一带结合填海造陆和修路工程分别建了三座塘湖：大水塘、南湾湖和西湾湖，且西湾湖和南湾湖的蓄水均非淡水，不能作为城市水源。而离岛区淡水资源之贫乏更甚于半岛。因此，澳门淡水奇缺，无法实现淡水自给。

由于区位最佳和用地条件适合进行城市开发建设，半岛是澳门人口最初的集聚地，这里人口密集，高楼林立，经济发达，市区繁华。其中，半岛西部的新马路西段、下环、新桥，以及东部新口岸、友谊大马路一带均由填海造陆而成，地势宽平，是热闹繁华的主要商业区和新市区之所在。

第二节 城市路网形态与城市景观

一、城市路网形态

20世纪70年代以前，澳门半岛与离岛之间的交通联系依靠渡轮，甚为不便。1969年秋，路氹连贯公路建成通车，两个离岛连成一体。1974年10月，澳氹大桥通车，澳门、氹仔、路环三地的路网连成一片，澳门地区陆路交通进入一个新的阶段。尤其是连接澳氹之间的三座大桥通车之后，氹仔的城区建设迅速发展。不过，由于区位和用地局限，离岛的道路网仍较简单，城市路网主要分布在半岛地区(图5-2)。

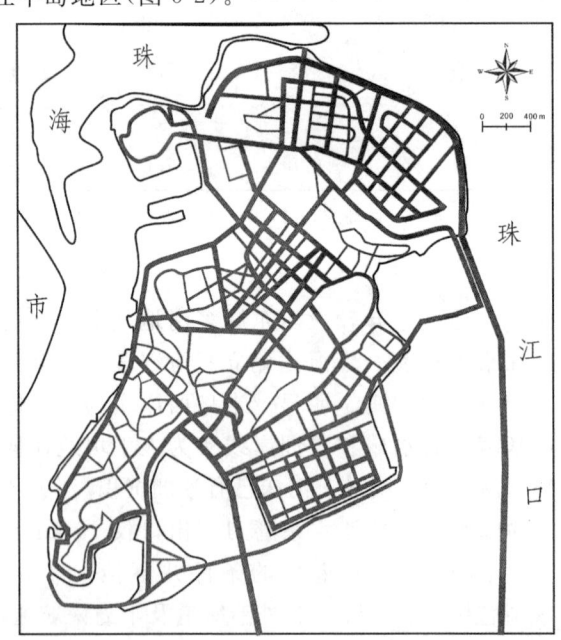

图5-2 澳门半岛的路网形态

澳门半岛东北—西南向延伸的形态，决定了其道路网以东北—西南走向的道路为主轴，西北—东南走向的道路为短轴。除中心部分的老城区呈不规则的放射状外，大部分城区纵横向的道路都基本呈正交状态，整体形成方格形路网。

其中，东北—西南走向的道路主要有：

(1)河边新街—火船头街—沙梨头海边街—罅些喇提督大马路—关闸马路。

(2)民国大马路—西湾街—南环街—水坑尾街—荷兰园正街。

(3)加思栏马路—白头马路—海边马路—嚤啰园路—渔翁街。

(4)葡京路—罗理基博士大马路。

(5)友谊大马路。

西北—东南走向的道路主要有：

(1)菜园路—劳动节大马路。

(2)慕拉士大马路。

(3)黑沙环马路—黑沙环斜路—亚马喇马路—马交石炮台马路。

(4)美副将大马路。

(5)高士德大马路。

(6)亚美打利庇庐大马路(新马路)—殷皇子大马路。

受大水塘、东望洋山的阻隔，西北—东南走向的马路大多不能直达东海岸。

由于半岛形状和地形起伏的影响，许多道路只好沿岸线自然弯曲或随地形而高低起伏，加上旧城区部分沿袭了欧洲中世纪的城市布局风格，使澳门半岛城区的道路网并不很规则。尤其在东望洋山、望厦山、青洲山、螺丝山周围，形成了大小不一的环状路网，与外围的道路交叉形成许多斜交和三角地带，给周围的交通组织带来一定影响。半岛东南部城区的道路网由于地形平整、建设时间较晚等原因，显得比较规整。

根据1982年的调查，全澳门当时宽7 m以上的道路共90 km，按当时15.515 km^{2}的总面积计，平均密度为5.8 km/km^2。其中面积仅占全市34.7%地的半岛区拥有全市85.5%的街道长度，街道密度高达13.508 km/km^2，是路环的10余倍。2010年澳门半岛的道路长度为198.8 km，占全澳门道路总长度的48.1%，道路密度21.38 km/km^2，约为全澳门道路密度13.92 km/km^{2}的1.5倍，约为离岛区10.52 km/km^{2}的2.0倍。由于半岛地窄人多，集中密集，街道都不够宽敞，主要街道的宽度也不过二三十米。半岛区较宽的街道主要有南湾大马路、高士德大马路、美副将大马路、慕拉士大马路、林茂海边大马路、友谊大马路等。一般巷道通常只有几米宽。

半岛区作为澳门地区的咽喉部位,在组织澳门对外交通、整合区际交通网络方面将继续发挥中转枢纽的作用,形成北达京珠高速公路、广(州)珠(海)铁路、西接广东西部沿海高速公路、三(水)茂(名)铁路、东连港珠澳大桥的对外交通网络。

二、城市景观

历史上,明末的张穆、屈大均,清代的汪兆镛、吴历等人都曾在诗文中对澳门半岛区的景观做过描述。张穆诗云:"故人建高纛,楼船若鹅鹳。因之慰奇观,地力尽海岸"(张穆:《澳门览海》)。屈大均则留下了"洋货东西至,帆乘万里风"(屈大均:《咏西望洋》)的名句。汪兆镛在诗中写道:"东西两望洋,嶻然耸双秀……尤喜照海灯,转射夜如昼"(汪兆镛:《澳门杂诗》)。这些诗句生动刻画了昔日澳门半岛的繁荣景象。

1. 中西合璧的街道景观

华洋融汇的风土人情、中西合璧的城市建筑艺术,是澳门城市风光的一大特色,也是澳门城市魅力之所在(图 5-3)。漫步澳门半岛街头,既能看到富丽堂皇的中式庙宇,又能看到精巧别致的罗马式教堂,处处洋溢着浓郁的宗教氛围。教堂大多形体高大,装饰考究,成为引领视线的焦点和城市空间架构的核心。澳门的古建筑大多就地取材,如沙梨头、白鸽巢公园西坡及玛阁

图 5-3 澳门街头充满异域风情的建筑

街一带多为花岗岩建筑。旧的中式住宅多为平房式大堂，前有门廊、天阶，中有客厅，后有神位。目前在水坑尾一带尚可见到此类旧宅。西式住宅多为楼房，有走廊，四面开窗，门楣多作圆拱形，外墙装饰精细，色彩鲜艳，门窗外围墙体还用彩线勾勒，显得景致典雅。在澳门的一些老街，还保留或新铺了旧时的碎石路面，显得古朴雅致。

2. 动感烂漫的滨海风情

迎面吹拂的海风、波涛翻滚的海面、跨海大桥上川流不息的车流、出海航道上来来往往的船舶以及低空盘旋的直升机，是半岛区动感繁忙的真实写照。澳门半岛山海兼备，风光旖旎。从氹仔方向望半岛，蓝天、碧海与楼群相互映衬；三座跨海大桥犹如三条巨龙，凌波起舞。由于山岗较多，半岛区围绕这些山地的旅游绿化用地面积亦较广，东望洋山、西望洋山、大炮台等处既是半岛区重要的绿化区域，也是俯瞰城区的主要观景点。无论在哪个制高点，都能看到宽阔的海面和一水之隔的珠海。但不同的观景点，看到的景观不一样，大炮台处在城区中心，被密集的楼群所包围，从这里看到的城区建筑密集，显得拥挤密实，北部老城区的屋顶多有市民搭建的带着铁锈的铁皮棚架，略显陈旧零乱；而东望洋山紧靠海滨和新填海区，视野开阔，山下的建筑也显得整齐精致。半岛的滨海风光以西湾一带最具代表性，这里海堤迂回，榕荫蔽岸，是澳门半岛风景最优美的地方。

由于地处热带，气候暖热，澳门半岛四季绿树成荫，繁花似锦，洋溢着勃勃生机。2007 年澳门半岛的绿地总面积为 960 847 m^2，绿地率为 10.3%。

第三节 同心圆土地利用模式与城市功能区

一、同心圆土地利用模式

在连接半岛与离岛之间的第一座大桥——澳氹大桥修通之前，两个离岛的交通条件十分不便，加上平地较少、淡水不足、人口稀少，这里的城市设施甚少，基本上保持着海滨渔村的用地模式和景观特色。因此，澳门早期的城市建设集中在半岛上。离岛城区的真正发展是从 1974 年澳氹大桥通车后开始的。

澳门半岛是澳门城市雏形的发源地，早在 1557 年澳门开通为商埠之时，澳门半岛城市建设的进程就已起步。半岛早期的城市结构延续了欧洲中世纪城市的结构特点，主要表现为由一条主要"直街"和若干条不规则街道构成的向心结构、连续的教堂与前地组合成的公共空间体系等。随后，城市空间沿着原有格局向四周展开，形成同心圆式的土地利用结构和城市空间格局(图5-4)。澳门的土地利用模式体现了既往殖民城市的特色，半岛核心地带是殖民地的行政中心，商业区则位于葡人居住区和华人居住区之间，北部是华人居住区和工业用地，氹仔和路环二岛则以郊区农村为主①。其中，亚美打利庇庐大马路(新马路)一带为城区的主要商业中心，沿路集中了大量的商业、金融机构，在其外围是商住区，它们共同构成第一圈层。商住区外围是高级住宅区、行政办公区、低收入住宅区和工业区，此为第二圈层。最外围的内外港运输区则为第三圈层②。

图 5-4　澳门半岛的同心圆用地模式③

澳门半岛土地利用的同心圆模式因地形、岸线的影响而在局部呈现不规则的变化，如东部围绕东望洋山出现了一个旅游文教区，城区西侧由于用地面积狭小导致圈层结构不明显，原属城区边缘的望厦坟场也因城区扩展而成为城市中心区的一部分，但这并未改变整个城区的同心圆式用地格局。

1974年澳氹大桥(嘉乐庇总督大桥)建成通车后，氹仔岛与半岛的交通联系大大加强。此后，友谊大桥和西湾大桥相继建成，氹仔和路环因填海造陆而连成一体，使澳门用地紧张的局面稍有缓解，氹仔岛的城区范围迅速扩展，澳门的都市空间由同心圆式走向多核组团式。

---

① 童乔慧，盛建荣．澳门城市规划发展历程研究[J]．武汉大学学报(工学版)，2005，38(6)：115－119

②③ 吴郁文．香港·澳门地区经济地理[M]．北京：新华出版社，1990：314－315

二、城市功能区

根据城市设施的分布及其功能差异,澳门半岛可分为居住区、商住区、工业区、机关学校区、港口运输区和绿化旅游区等功能区。

1. 居住区

澳门半岛的居住区主要分为高级居住区、一般居住区和平民住宅区。高级居住区主要分布在西湾附近、高士德马路、雅廉坊马路、美副将马路和新花园等处。其中,西湾一带是澳门环境最幽静之处,这里除了有西望洋山的别墅群外,沿海堤还分布着一些高级住宅,是全澳门房价最贵的住宅区。

一般住宅区主要分布在荷兰园、提督马路、大堂街、新桥市、白马行、沙拦仔、沙梨头、下环等处,经过改建、拆建,这里的住宅楼高大而密集。

在半岛西北部台山巴波沙坊、筷子基、青洲等处还分布着一些平民住宅区,这些住宅区以砖木建筑为主,也有部分木屋和铁皮屋。东北部的黑沙环工业区也分布有不少平民大厦和木屋。平民住宅区地窄人稠、空间挤迫,环境条件和设施配套较差。近年来,不少木屋区已被改造成平民大厦。截至2007年年底,澳门还有木屋791间,其中453间位于半岛,主要分布在花地玛堂区(213间)和花王堂区(204间)。

2. 商住区

澳门半岛有新、老两种商住区。老商住区主要在以新马路和十月初五街为中心的市区南部,包括火船头街、康公庙前地、草堆街、营地街及清平街一带,是澳门最繁华、人口最密集的地区。这里也是澳门开发最早的地区。区内的商业类型也形成了一定的分工,各有侧重。其中,银行、百货公司、洋杂货业主要集中在新马路一带;酒楼、茶肆多在十月初五街一带;牲口、鲜鱼、咸鱼等货品买卖主要分布在下环河边新街、海边新街和沙栏仔街一带;布匹业则多在草堆街;典当业集中在清平街、怡安街、福隆街、通商新街等处。

新商住区主要分布在新口岸至南湾一带,这里街区规整、高楼林立,集中了葡京酒店、新葡京娱乐场、永利澳门酒店、金沙酒店、总统酒店、假日酒店、维景酒店、帝豪酒店、置地广场酒店、世界贸易中心等大型商业机构、大酒店和大银行等设施,是澳门现代化都市的象征。澳门原来的赌场主要分布在水坑尾街一带,现在则主要在新商住区友谊大马路一带。

3. 工业区

澳门半岛的工业区主要分布在西北部和东北部。1984年全市64%以上的工业场所分布在西北的花王堂区(占42%)和东北的花地玛堂区(占22%)。西北部工业区包括林茂塘、筷子基、青洲等 3 个部分，属传统工业区，主要的工业类型包括造船、火柴、神香、粮油加工、肥皂、造纸、机器制造、自来水、水产加工、纺织、人造花等。这里的工业企业大多规模较小，工艺及设备落后，设备和厂房有待更新。

东北工业区过去只有电厂等为数不多的工厂，20 世纪六七十年代澳门工业化时期得以迅速发展，当时兴起的纺织、制衣、塑胶、玩具、电子、皮革等出口加工工业基本集中在该区，兴建了数以百计的带冷气设施的工业大厦。该区的主要问题是建筑密度过大，道路狭窄弯曲，工厂与住宅混杂、配套设施不足等。

澳门占地面积大、污染性较强的企业如九澳电厂、水泥厂、拆船厂、钢厂、化工厂等，主要分布在路环和氹仔。离岛交通条件改善后，澳门兴建的工厂主要安排在这两个地方。

4. 机关文教区

主要指南湾及东望洋山周围一带。澳门的政府机关及涉外机构，主要分布在风顺堂区的南湾附近（如政府总部、澳门立法会、终审法院等）和大堂区友谊大马路一带（如中央政府驻澳门联络办公室、外交部驻澳门机构、出入境事务处等），各类学校则主要分布在南湾及东望洋山北、西、南麓一带。离岛的交通条件改善后，氹仔北部观音山和大氹山南麓一带，经过多年建设，形成了包括澳门大学、澳门科技大学在内的新文教区。

5. 港口运输区

澳门老的港口码头及仓储设施主要分布在西岸的内港，沿岸的爹美刁施拿地马路、火船头街、以迄比厘喇马忌士街，分布有大小码头数十个。原来大多是木码头，现在全部改造为钢筋水泥码头。附近配套设有仓储设施、岐关车站、公共汽车总站、过海渡轮，以及众多的运输机构办事处、旅馆、酒店等，这里曾是澳门最繁华的地段之一。

20 世纪 90 年代以来，由于港澳码头东迁外港，外港一带成为新的港口运输区。外港目前以客运为主，设有客运码头、公共汽车总站、海运大楼、酒店等。

6. 绿化旅游区

澳门是个旅游城市，旅游景点甚多，既有庙宇、教堂，也有广场、花园、博物馆、娱乐场等。澳门的绿化旅游区分布得比较分散，且大多规模较小。在半岛区的著名景区景点主要有妈阁庙（含海事博物馆）、普济禅院（观音堂）、议事厅前地、圣母玫瑰堂（含仁慈堂、主教座堂等）、大三巴及大炮台（含澳门博物馆）、东望洋山（含炮台、灯塔、圣母雪地殿圣堂等）、白鸽巢公园、望厦公园、南湾花园，以及近年新建的渔人码头、皇宫娱乐场等。这些旅游区点大多属文物古迹，具有深厚的文化内涵。

另外值得一提的是，教堂等宗教建筑在澳门城区建筑中占有较大比重，教堂的建设及其分布极大地影响了澳门的城市格式，整个城市以若干教堂及其附属的医院、学校等为核心，各自辐射一片区域。由此，城区分为多个教区或堂区。澳门今天的城市仍然以堂区为单元，进行空间组织与划分。

第四节　澳门历史城区

一、分布范围与内涵

澳门历史城区是指澳门半岛中以旧城区为核心、面积约 7 km² 、被评为世界遗产的历史街区，包括妈阁庙前地、亚婆井前地、岗顶前地、议事厅前地、大堂前地、板樟堂前地、耶稣会纪念广场、白鸽巢前地等多个广场空间，以及其附近的妈阁庙、港务局大楼、郑家大屋、圣老楞佐教堂、圣若瑟修道院及圣堂、岗顶剧院、何东图书馆、圣奥斯定教堂、民政总署大楼、三街会馆（天帝庙）、仁慈堂大楼、大堂(主教座堂)、卢家大屋、玫瑰堂、大三巴牌坊、哪吒庙、旧城墙遗址、大炮台、圣安多尼教堂、东方基金会会址、基督教坟场、东望洋炮台等 20 多处历史建筑。这些街区也是早年大多数葡人在澳门工作和生活的地方。

澳门历史城区是中国境内现存最古老、规模最大、保存最完整、最集中的中西建筑共存的历史城区。它以澳门旧城区为核心，包括 20 多幢古建筑，由若干街道和广场连成一体。其中，街道与建筑物之间的"前地"（largo）形状小巧，布置随意，颇具葡萄牙城市空间特色，它既是扩大的街道，又是市民休憩的小广场。2001 年 7 月 23 日为澳门申报世界文化遗产启动日，确定的申报名单包括妈阁庙、港务局大楼、郑家大屋、圣若瑟修道院及圣堂、岗顶剧院、市政厅大楼、仁慈堂大楼、大三巴牌坊、哪吒庙、旧城墙遗址、大炮台和东望洋炮台等 12 处历史建筑群及其周围缓冲区。其选择的主要依据是：①历史建筑群以中国现存最古老的西式建筑遗产和带有澳门特色的中国传统建筑为主，是东西方建筑艺术的综合体现。②历史建筑群是天主教、基督教新教在中国以至远东地区发展的重要见证，是中国民间信仰和社会形态独树一帜的反映。③历史建筑群是中西多元文化共存的体现，是中国城市极具特色的组合。④历史建筑群是中西生活社区的有序表现。2005 年 7 月 15 日，世界遗产委员会第 29 届大会宣布，澳门历史城区被正式列入《世界遗产名录》。

澳门历史城区内建筑群的风格及其空间分布，体现了中西文化之间的并存与融合，具有多元文化特性。各种风格的建筑汇集澳门，使澳门成为万国建筑展览馆。多种文化的兼容并蓄，也逐渐造就了澳门式的建筑风格。

二、建设与保护设想

在澳门历史城区保留有中国最早的一批天主教堂、中国现存最古老的修道院、中国第一座西式剧院、中国现存最古老的炮台群、远东地区第一座灯塔……杂处其间的则是中国岭南风格的庙宇、清末院落式大宅和广东"西关大屋"式民居等，具有深厚的历史文化内涵，极具保护价值。

澳门半岛的历史城区是澳门文化遗存的精华所在，必须倍加珍惜、妥善保护。根据《澳门城市概念性规划纲要》，澳门历史城区将成为澳门的特色街区和创新产业区。在未来的城市建设中，将进一步划定历史街区、缓冲区和次级缓冲区的范围，分类进行保护和建设。

在历史街区范围内，对机动车进行相应的限制，建立步行交通系统；对街区内新建和改造的建筑进行严格的风格控制，使之与周围环境相协调；充分利用建筑、山体等垂直界面，建立立体式绿化系统；将本土充满特色的文化、传统活动打造为城市的重要传统活动和庆典，并继续定期举办国际文化艺术活动，用文化活化历史城区。对历史城区和及其缓冲区的保护及再利用规划，必须让城区内的各种行业得到振兴与发展，并鼓励年轻人口迁入，使区内商业活动多元化。

此外，与缓冲区相邻的城区应被视为次级缓冲区，而属于历史区但未被列入缓冲区的城区，也应该进行世遗城区的保护和再利用规划，但其规范限制条件可以适当地放宽。

第五节 城市规划基本框架

一、城区性质

澳门开埠以来城市性质几度巨变。过去由于澳门离岛区基本属于郊区农村，所谓澳门城市性质的变迁，实际就是针对澳门半岛而言的。1553年以前，它只是中国南海之滨的一个小渔港，1553年（明穆宗隆庆初年）后澳门逐渐成为中国对外贸易的一个中转站；1557～1685年期间，澳门成为我国唯一的对外口岸；由此至1840年，澳门已变成一个商业贸易型城市，并成为欧亚贸易中心之一。[①] 1840年以后，澳门的外贸地位逐渐丧失，赌博业兴起，由商业港埠转变成著名的赌城——"东方蒙地卡罗"。目前的澳门正由赌城向综合性城市发展。

澳门半岛和离岛连成一体后，离岛区的城市功能日益增强，半岛的部分城市功能逐渐向离岛区扩散。随着人口的增长，作为老城区的半岛用地紧张、人口过密、交通拥挤等问题日益突出，亟待拓展城市发展空间，重整城市内部空间，完善设施基础设施与公共设施的配置，协调新旧城区建设。在此背景下，《澳门城市概念性规划纲要》于2008年年初出炉，并公开向广大市民征询意见。根据概念性规划纲要，未来澳门的城市定位是"在经济适度多元的发展策略引导下，以旅游博彩业为经济主体，以中西文化交融为城市特色，以精致宜人为发展导向，以持续繁荣为发展目标，以开放包容为城市性格的旅游宜居之地、持续发展之都、世界活力之城"。其中，半岛区是以堂区为基础的商住区，保持多核心的多元化经济布局，进一步发展基于历史、文化的创新产业和特色街区；新填海区等沿岸地带以旅游博彩、休闲经济和商业办公等用地为主。离岛主体定位为以新经济活动为发展基础的新区，其中，路氹填海区主要发展大型旅游博彩、会展及物流等产业，氹仔和路环旧区则以特色街区建设为主，进一步加以修整、美化；山地和林区应以绿化、休闲空间为主，尽量保持其自然状态。

二、总体布局

随着澳氹交通条件的改善和路氹填海区的开发，澳门的城市空间结构由原来局限于澳门半岛的"单一中心同心圆结构"，逐渐演变为包括澳门半岛、氹仔、路氹填海区和路环四部分的"二中心三组团结构"。根据这种城市结构，澳门城市规划与建设将大力推进以半岛老城市中心和路氹填海区新城市中心为"二心"，以半岛商业文化组团、氹仔娱乐博彩组团和路环康体休闲组团为"三大组团"的总体布局，在尊重原有城市格局和街坊社区的基础上，强化社区的核心区域，将政府机关、公共设施合理分置于各社区，通过城市干道、轨道运输系统暨公交系统，将各社区、各功能区连接成一个有机整体。在城市生态环境保护方面，则要注重城市自然生态的维护，维持自然生态过程，保持城市建设用地与自然生态用地的平衡，营造更多的绿色空间和滨海休闲用地。

[①] 黄就顺，郑天祥. 澳门城市形态与城市规划[J]. 濠镜，1987(1)：35—39

三、城区特色与环境保护

　　整个澳门半岛几乎全被城区覆盖，未来填海造陆的空间十分有限，因此未来半岛区的城区建设应主要立足于旧城区的改造与更新，使衰退的部分老城区焕发出新的活力。一直以来，人口拥挤、住房紧张、环境恶化是困扰半岛区的几大问题。澳门政府从20世纪60年代开始开发离岛，但起初对人口的疏解收效甚微。近年随着友谊大桥、西湾大桥、澳门机场以及一些大型公关设施的相继建设，离岛区尤其是氹仔岛的人口明显增长，半岛区的旧城改造得以展开。

　　在半岛区的旧城改造中，应保持原有的街区空间格局和风貌特色，尤其要保持历史街区的欧陆建筑风格特色，延续城区文脉；保护山地公园的绿色空间，维持城区已有的多条视线走廊，保持西湾、南湾和大水塘的海滨景致，塑造南部海滨和谐生动、具有韵律美的建筑天际线，适当优化内港沿岸的建筑景观；改造北部、中部部分街区零乱、破落的屋顶景观，改善城区观景点的视觉效果；进一步优化城区绿化，在道路两旁种植树形婆娑、树荫浓密的树种（如榕树、桉树、梧桐等），营造清新宜人的交通环境，在社区的中心广场、公园及绿地则可适当种植一些观赏性树木（如观叶的海桐、珊瑚树，观花的红花羊蹄甲、夹竹桃、桂花、山茶等）和花草（如月季、芙蓉、簕杜鹃、美人蕉、风铃草、花烟草等），创造愉悦的视觉效果；还应适当种植椰子、槟榔、蒲葵、王棕、枣椰子、鱼尾葵等具热带滨海特色的树种，逐步推进城区的立体式绿化，鼓励有条件的市民建设天台花园、空中花园等。

第六章　澳门离岛

章前语

在澳门半岛以南，有氹仔和路环两个离岛，前后排立。2010年澳门离岛的面积共20.4 km²（包括路氹填海区），占澳门总面积的68.69%，2013年更达到21.0 km²。早期的离岛因为交通不便，经济落后。路氹连贯公路和澳氹大桥相继通车后，离岛的开发建设也加快了步伐。随着友谊大桥、西湾大桥、九澳港、澳门国际机场、路氹填海区的相继建成，以及道路网的完善，离岛成功地承担起澳门半岛转移出来的部分城市职能，不少原居住在澳门半岛的市民迁往离岛，使离岛人口不断增加。随着澳门城市结构向"二元三组团"的演变，路氹填海区将成为澳门经济、社会、文化等活动的新集中点。

关键词

氹仔岛；路环岛；路氹填海区；岛连岛；填海造地

第一节　澳门离岛的区位与地理特征

一、澳门离岛的区位

澳门由澳门半岛及氹仔、路环两个离岛组成。

氹仔岛位于澳门半岛东南偏南方约2.5 km，又称"潭仔""氹澳仔""龙头环"，东西向狭长，形如一条鲸鱼，2013年面积为7.6 km²。其东面为海域，西面与广东省珠海市的小横琴岛隔海相望，两者距离在800～1 200 m；北部有三座跨海大桥与澳门半岛相连。其中，澳氹大桥于1974年建成通车，友谊大桥于1994年建成通车，西湾大桥于2005年建成通车。南部有1969年建成的路氹连贯公路与路环相通。氹仔岛依山临海，气势开阔，风景优美，是一个学习研究的好地方。

路环岛，旧称"九澳""过路环"或"盐灶湾"，地处澳门地区最南部，距离澳门半岛 8 km，位于氹仔之南约 2 km，居于珠江口"十字门"之要冲。1912 年面积为 5.61 km²，由于淤积，2010 年面积达 7.6 km²。路环岛东面与南面均为广阔海域，西面与广东省珠海市的大横琴岛隔海相望，两岛距离最窄处不到 300 m，北部于 1969 年建成一条路氹连贯公路与氹仔相通，后因填海而与氹仔岛相连。

二、澳门离岛的地理特征

（一）岛连岛

两个离岛最大的地理特征是岛连岛。其中氹仔岛原分为菩提山、鸡头山、观音岩 3 个小岛。20 世纪初，位于东面的鸡头山和观音岩由于泥沙淤积连成大氹，与位于西面的菩提山（即小氹）隔海相望，海峡最窄处宽仅 100 m 左右，就在今天的凯悦酒店与新世纪酒店之间。20 世纪 20 年代开始，大、小氹山之间的沉积露出海面，加上人工填海，大氹、小氹连成一体，形成氹仔岛。所以，氹仔实际上是一个"岛连岛"。面积由原来不到 2 km² 扩大到 3.8 km²。之后由于不断填海造陆，面积扩至 2010 年的 6.8 km²，2013 年的 7.6 km²。

大小氹仔岛间的连接是自然与人为双重作用的结果，而氹仔岛与路环岛之间的连接则主要是人为作用的产物。1969 年人工修筑的一条海堤——路氹连贯公路把氹仔与路环两个海岛连成一体，使其在一定程度上已经成为岛连岛。20 世纪 90 年代，在澳门政府的主导下，路氹连贯公路西侧进行了大规模的填海，成功地在两个离岛间造出了一块新的土地——路氹填海区，两个离岛便连接成为名副其实的岛连岛。人工填海不仅将两个离岛连成一体，也为澳门发展提供了大片的土地，至 2013 年，路氹填海区的面积达 5.8 km²。

（二）地形

在地形上，氹仔岛与路环岛上都有不少丘陵与台地。氹仔岛的山脉主要由花岗岩构成，为东北—西南走向，并支配全岛丘陵呈起伏状。海拔 160 m 的大氹山与海拔 112 m 的小氹山分立东西，其间则有北澳山和大片淤积与填成的平地。

路环岛的地势为全澳最高，全岛丘陵起伏，大部分高度在百米以上，主峰叠石塘山海拔 172.4 m，周围还有多座海拔 120 m 以上的山峰，大多集中在中部和东部，如叠石塘山、九澳山、炮台仔山、中区山等。山岩性质以花岗岩与火山岩为主。因地形的缘故，路环岛除了东北部九澳深水港和西部石排湾两处较大填海区外，大多数是天然海岸，丘陵直逼海滨，海岸较陡。黑沙湾与竹排湾发育良好，是优美海滨泳场。黑沙湾沙滩长约 1 350 m，纵深 50～100 m，是全澳最大的沙滩，且颜色与众不同，呈暗黑色——据分析，可能是附近海底的海绿石由于海流与波浪的搬运作用带到沙滩上堆积而成。

(三)土地资源

澳门离岛土地资源匮乏,主要靠填海造地弥补土地资源的不足。

氹仔岛的填海造地规模很大,1919 年的地图上它仍分为两个小岛,后来经填海而连成一块。1910 年两岸的总面积只有 1.98 km², 连岛后的 1927 年已达 3.48 km², 2013 年更达 7.6 km², 约为 1910 年面积的 4 倍。

路环岛由于填海,面积从 1910 年的 5.61 km² 拓展至 2013 年的 7.6 km², 也增加了 35%。

20 世纪 90 年代,澳门政府通过填海,在两个离岛间造出了一块新的土地——路氹填海区,2013 年面积达 5.8 km²。路氹填海区将两个离岛连在一起,极大地拓展了澳门离岛的土地面积。

(四)植被

2010 年,澳门离岛绿地总面积达 9 903 758 m², 占澳门绿化总面积的 79.89%。离岛上的自然植被是生长在海边的红树林,主要分布在路氹连贯公路西侧、氹仔南部和氹仔马场外侧的海滩上,主要树种有白骨壤、桐花树和老鼠簕等,最多时面积达数十公顷。它们形态各异,有的是高大乔木,有的是矮灌木,还有的是草本植物。但是由于近年来进行大规模的填海造地工程,大部分红树林已遭破坏。

由于红树林具有保护海岸和净化污水等一系列的生态效应,澳门政府于 2001 年提出在路氹连贯公路西面靠近莲花马路及西堤保护区建设自然生态保护区:第一部分为鸟类栖息区,占地面积 15 hm², 主要建造防护堤,营造含多个树种和红树林的植被;第二部分为鸟类觅食区,俗称红树林地带,占地面积约 40 hm²; 第三部分是在地处莲花大桥的南北两侧,建造多个小岛,种植红树林。整个自然生态区的植物共计 3 200 棵。

路环岛上拥有全澳最大的绿化区,约占全岛面积的 47%, 其中 60×10⁴ m² 是树林区。原是马尾松纯林,1980 年前后毁于松突圆蚧。1985 年起重新种植台湾相思、大叶相思等 26 种阔叶树种,经过多年生长后,演化成次生林。林区起到了水土保持和改善生态环境的作用,还有较大的经济效益。

(五)土壤

澳门离岛的土壤形成受到母质、地形、气候等条件以及人类活动的影响。在路环岛、氹仔岛丘陵地,受母质和坡度的影响,其顶部和山脊上孕育的土壤多含巨大石砾,土层浅薄;山坡和山麓的冲积物和冲积物上孕育的土壤,土层较厚。从山顶至山麓,土壤分布规律是酸性粗骨土—赤红壤—滨海沙土—滨海潮滩盐土或含盐性硫酸性土。

路环丘陵南坡是薄薄赤红壤，而北坡是中厚赤红壤；大氹山南坡多粗骨赤红壤，北坡是中厚赤红壤。酸性粗骨土主要分布在路环的西北部石场附近、九澳水库周围、大氹山东南坡、小氹山西坡和北坡。滨海沙土分布在路环黑沙滩、竹湾及氹仔沿岸。滨海盐土主要分布在路氹连贯公路的东、西侧，还分布在氹仔与澳门半岛之间。滨海盐土含盐量高，土层深厚，质地黏重，还原性物质较多，中潮位线以下的滩面较低，受浸时间较长，仍为泥滩；中潮线以上受潮浸时间较短，露出水面时间较长，逐渐生长红树林等耐碱植物，成为红树林滩上的硫酸盐土。沼泽土是一种受地表水或地下水浸的土壤，零星分布在路环低丘间的洼地或沟谷出口、黑沙滩红沙堤内侧的潟湖等地，多为季节性地表沼泽土，分布面积很小。菜园土零星分布在氹仔中部的卓家村、三家村，路环的九澳村、黑沙村、麻鹰洞北部等的村边丘陵坡脚，主要种植蔬菜作物等。堆叠土分布在氹仔中部和东北部以及路环的西北部等地，成土母质为人工堆叠沙泥，地表多砾石、粗砂，植被为人工园林。

第二节　澳门离岛的发展

一、发展缓慢期

在20世纪70年代之前，两大离岛与澳门半岛之间交通联系十分不便，只靠小汽船来往，要花半小时到一小时才能到达，遇上大风便要停航，这使得离岛居住人口非常稀少，经济发展远远落后于澳门半岛。1960年，澳门人口的95%集中在澳门半岛，只有3.3%的人口居住在氹仔，1.7%的人口居住在路环。1970年两个离岛人口比重仅占澳门总人口的3.1%。岛内只有一些小农村、渔村和乡镇，以渔、农业为主，工业只有几家爆竹厂和石矿场，商业则只有供村民购买日常用品的小杂货店，连行政管理机构也没有。后期，离岛的市政事务由海岛市政厅负责，今由民政总署负责。

二、发展平稳期

20世纪70年代至回归前，两大离岛经济平稳发展。在这一时期，通过填海造陆，地形相对平坦的氹仔岛加大了基础设施建设力度，构建了相对完善的道路网。1974年建成通车的澳氹大桥是连接澳门半岛与氹仔岛的第一条大桥。大桥在澳门半岛一侧以葡京广场为起点，在氹仔一侧以氹仔纪念碑下方为起点，桥长2 569.8 m，宽9 m。澳氹大桥的开通结束了氹仔岛与澳门半岛间交通只能依靠船的状况，车辆从此在三地之间能方便快捷地通行。10多年后，市区与离岛交通日益繁忙，澳氹大桥不堪重负，便着手在其东面修建第二条跨海大桥，1994年3月更长更宽的友谊大桥正式通车，桥长4 700 m。

便捷的交通缩短了澳门半岛与氹仔岛的距离，氹仔岛承担起部分自澳门半岛转移出来的城市职能。岛的北部、中部原来种菜或丢荒的大片平地被开发建设成商住区和工业区。1983年，岛上建起了离岛首家五星级酒店——凯悦酒店，之后，第二家五星级酒店——新世纪酒店在1992年建成。1995年，岛的东北部利用填海造陆修建的澳门国际机场正式启用。机场为人们进出澳门开辟了新的途径，成功提升了澳门在国际上的知名度，促进了澳门经济的发展，氹仔岛的物流业等从中受益良多。1996年，澳门地球物理暨气象台也从半岛大炮台迁来大氹山，还修建了赛马场、大型运动场、垃圾焚化场等设施。经济和产业的发展，使得氹仔岛吸引了部分原来居住于澳门半岛的居民，在一定程度上缓解了半岛的居住压力，1998年氹仔岛居住人口占澳门总人口的4%。

路环岛因地形原因，可供开发建设的平地比较少，但拥有全澳最大的绿化区，被誉为"澳门的市肺"，绿化区约占全岛面积的47%，其中60×10^4 m²是树林区。林区中有一个长度超过2×10^4 m、设施相当完善、包括不同形式的步行径网络，为市民提供了一个既安全又有益健康的接触大自然的机会。"澳门的市肺"还包括各种类型的公园和花园，如石排湾公园、竹湾烧烤公园、黑沙公园、路环高顶公园、路环步行径公园、荔枝碗公园、黑沙水库烧烤公园、九澳高顶烧烤公园、市政花园和恩尼斯总统前地花园等。因此，路环岛经济发展主要以度假旅游为主，围绕岛上这些绿色资源相继建成了一些旅游度假配套设施，包括竹湾酒店、威斯登度假酒店、高尔夫球场、妈祖文化旅游区等。

路环岛经济发展的两个亮点是九澳港的建成及联生工业区的开发。九澳港位于路环东北部的九澳湾至大担角之间，第一期工程在1991年完工并投入使用。港口拥有油库码头、水泥厂码头、集装箱货运站码头及发电厂码头，是澳门最重要的深水码头。联生工业是离岛第二个工业区，占地33×10^4 m²，位于路环岛西北部石排湾填海区，距澳门国际机场、九澳深水码头和主干线公路仅有几千米路程，是澳门政府为吸引投资、促进工业多元化而设立的工业区，1996年建成后首批进驻的企业有7家。经济发展缓慢使得岛上人口增加较少，1998年路环岛居住人口仅占澳门总人口的0.6%。

三、发展加速期

1999年12月20日，澳门顺利回归祖国，成为一个直属中央人民政府的特别行政区，离岛的经济发展进入加速期。

首先是基础设施建设的加速。1999年12月，西接珠海横琴、东连澳门路氹填海区的莲花大桥竣工，桥长1 756 m，是澳门与珠海之间的第二条陆路通道。从此，澳门和内地的旅客与货物都可经莲花大桥进出，减低了拱北口岸的压力，促进了离岛物流业的发展。2004年，全长2 200 m，连接氹仔西区和西湾、妈阁内港区的西湾大桥落成，这是澳门半岛与氹仔岛之间的第三座跨海大桥，离岛与澳门半岛的交通更为顺畅。

其次是卫星城镇建设加速。氹仔岛利用原有的基础，在其西北部和中部大片土地上开辟道路网，建设楼宇，发展新的住宅区和商住区；在其东北部发展商住区和工业区，形成澳门半岛的第一个卫星城镇。从2002年开始，岛上开始了一项为期三年的氹仔旧城区重整计划，对旧区各项设施进行改建和修葺，以步行区串联各景点，旅游休闲产业也有所发展。至2010年，岛上的居住人口达78 000人，占澳门总人口的14.4%。路环岛则仍然围绕度假旅游产业稳步发展，旅游收入不断增长，居住人口至2010年才4 000人，仅占澳门总人口的0.7%。

在这一时期，离岛经济发展最大的亮点集中于路环和氹仔之间的路氹填海区，也称为路氹城，它成功地将两大离岛连成一片，面积从2000年的2.2 km^{2}增到2010年的6.0 km^2，大大舒缓了澳门城市建设用地短缺和人口压力的问题。路氹城作为澳门的新兴发展区域，吸引了大量博彩娱乐企业加入开发行列，城中金光大道已有威尼斯人度假村、新濠天地、银河大型度假酒店、澳门皇冠酒店等多家赌场、酒店进驻。澳门科技大学、东亚卫视影城、银河世界度假村、澳门东亚运动会体育馆综合体也建在路氹城。路氹城将发展成澳门的第二个卫星城镇。

第三节　澳门离岛的开发规划

一、澳门离岛开发规划的背景

(一)澳门经济发展面临的挑战

1. 经济结构过于单一

在旅游博彩业高速发展的情况下，近年澳门的经济和社会发展越发依赖旅游博彩业的支持与带动，其他产业则处于初起步、发展中甚至停滞的阶段。此发展模式使澳门经济结构趋于单一，成为澳门未来经济发展的潜在隐患。

2. 城市发展空间局促

根据 2010 年的统计数据，澳门在不足 $30 \times 10^4 \mathrm{km}^2$ 的土地上容纳了近 53 万的人口，接待了接近 24 965.4 千人次的旅客。在城市建设用地已经全面开发、人口密度处于世界最高水平且有不断增加的趋势、城市空间过于局促的限制下，如何平衡人口增长、土地供应、城市开发及空间拓展等问题，已成为澳门特区的重大挑战。

3. 城市发展失衡

近年来，整体经济跳跃式高速发展，但城市发展却未能同步赶上，城市规划也未能较好配合，表现为交通、新旧区发展等多方面的不协调，更涉及土地资源分配和应用等问题。澳门未来的发展正面对土地持续供应问题，土地利用冲突将更为凸显，这将不利于澳门地区的可持续发展。

4. 人口增长欠规划

澳门经济蓬勃发展吸引了大量人口迁入，以致人口出现了超出预期规模的增长。这一方面使得人口结构出现失衡，另一方面则对城市服务功能造成影响。此外，新经济发展模式缺乏相应优质劳动力和充裕的人力资源，难以满足新产业结构的人力所需；本地教育未能及时培训所需人才；而劳动力的输入也引起了一些争论。

5. 生活环境恶化

经济社会高速发展，城市服务功能却未能与发展同步。市民在生活成本上升之余，生活素质却未能得到改善。生活环境问题渐趋凸显，这将不利于澳门的可持续发展。如何解决问题、改善生活环境与素质已成当前急务。

(二) 澳门城市结构的转变

由于历史与社会原因，在葡管时期，澳门没有进行过大规模的城市规划，长期以来都缺乏前瞻的、宏观的、全面的城市规划，城市规划的制度也有所欠缺，每个片区并没有明确的发展方向及功能定位，道路及基础设施欠缺长远规划，只按现时需要局部兴建。以往的城市发展模式已不能满足澳门现在和将来的发展需要，随着澳门回归并进入新世纪，澳门发展面临的上述隐患与挑战，成为澳门进一步迈向国际化城市的瓶颈。

为此，澳门可持续发展策略研究中心于 2007 年发布的《城市规划专题研究期末报告》指出：澳门正在形成以澳门半岛及路氹填海区两个区域为中心的经济活动布置及城市发展的"二元"结构。相对于以前各类经济、社会、文化等活动及人口高度集中于澳门半岛，"二元"结构将使路氹填海区在一定程度上把上述经济、社会、文化等活动及人口从澳门半岛吸引过来，形成一个新集中点；澳门半岛和路氹填海区不一定因此产生相互竞争或排斥的现象，通过市场机制或行政引导可产生互补或分工。

《城市规划专题研究期末报告》还指出：在推动"二元"城市经济布局的同时，将在合适条件下活化澳门传统的"多核心"街区人文网络。在尊重原有的城市格局与街坊社区的前提下，合理地在半径300～500 m的范围内强化一个社区的核心区域；政府机关、公共设施将合理分置于各个社区内，各社区以主要干道、轨道集体运输系统及公共系统作联结，形成一个城市管理及运输网络。

上述"二元多核心"结构的形成，将指引离岛的开发建设。

二、澳门离岛开发的方向

氹仔岛和路环岛主要通过重整和美化旧城区来强化其特色街区和产业。

氹仔岛被分成市中心区、西北区、东北区、氹仔村旧区、圣母湾和机场区等6区。市中心区包括大氹山与小氹山之间填海造地所形成的市区；西北区包括小氹山、北安和海洋花园一带，这片土地上已开辟了道路网，建成了楼宇，发展为新的住宅区和商住区；东北区主要包括大氹山及附近一带，主要发展为商住区和工业区；机场区位于氹仔东端，包括澳门国际机场及附近地方；圣母湾区是由填海造地所得，位于氹仔旧城区东南方向。

氹仔岛经过几十年的发展，目前土地已经基本用尽，各分区布局也已定型。市中心地段继续建造商住混合区，西北沿海增扩兴建旅游设施及中高档居住小区，东北和东端按实际需要适当扩大工业及航空港，西南部为体育及赛马场娱乐用地，南部海滨适量开发休闲游乐设施及高档住宅。

目前，氹仔岛发展中存在的主要问题是岛内各分区生活设施配套不足，居住环境有待改善。未来应进一步完善各分区的生活配套、优化居住环境，保护绿地、历史文化建筑和环境。

路环将发展为澳门的旅游度假区。在澳门半岛与氹仔岛高强度开发的情况下，路环岛是澳门唯一能称得上郊区的地方，是澳门居民享受郊游乐趣、游客休闲度假的唯一去处。其重要的生态效应，严格限制了岛上其他产业的发展。因此对路环来说，最合适的就是利用岛上所拥有的丰富连绵的绿地与优质的海滩，将自身发展成为生态保育和休闲娱乐区。未来，要尽量改善岛上交通；控制新建项目的规模，约束建筑高度和密度，以防止城市延伸侵蚀绿地；同时还要强化路环传统小镇风貌，促进该区历史文化旅游的发展。

路氹填海区是澳门城市结构的核心之一，是一个以新经济活动为发展基础的新区。因此，路氹填海区主要发展建设大型旅游博彩设施、会展设施及物流。金光大道是路氹填海区的发展中心点，是澳门未来经济活动、旅游事业和创造财富的最重要平台。目前金光大道已聚集了相当规模的经济活动、基建及配套设施,拥有足够的内聚力及辐射力,较容易产生核心效应,带动周边地区的发展。

第四节 澳门离岛的大型建设

一、澳氹大桥

澳氹大桥,连接澳门半岛与氹仔岛之间的第一条大桥。大桥落成于1974年10月,历时四年,于1974年竣工正式通车,是葡国桥梁专家贾多素设计。大桥原以澳督的名字命名为嘉乐庇大桥,后市民通称澳氹大桥。连引桥在内全长3 400多米,桥面有双股的快车道及两旁的人行道,是连接澳门半岛和氹仔岛的跨海大桥。横跨澳氹海面,弧度很大,有如长虹卧波,设计独特,予人以既雄伟又玲珑的印象,给古老的澳门平添了不少现代气息。

二、友谊大桥

澳门"友谊大桥",工程原称新澳氹大桥,1994年初建成通车。位于旧澳氹大桥以东,连接澳门半岛新口岸水塘北角(外港码头处)与氹仔北安码头,是连接澳门半岛与氹仔岛的第二条跨海大桥,主桥长3 300多米,引桥长800多米,全长4 414 m。桥宽15 m,设两条双线车道,中设分隔线,车道两旁设1.5 m宽的行人道。在市内运输方面,大桥承担着疏导重型车辆的责任;对外方面,则是为了适应澳门国际机场、九澳深水港和路氹新城建设的需要,是澳门整体发展的重要措施之一。

三、路氹连贯公路

接连澳门氹仔和路环两岛的公路于1963年5月动工,至1968年6月完成,1969年秋正式通车。路氹连贯公路是一道海堤,高出海平面5 m,从氹仔的马鳝尾向南伸至路环的石排湾,全长2 250 m。路面宽9 m,中间为7 m宽的车道,两旁人行道各1 m。整个工程耗资600多万澳门元。该工程结束了两岛与澳门半岛间交通只能依靠船的状况,车辆从此在三地之间通行无阻,方便快捷,大大促进了两个离岛的开发。1998年对该公路进行全面改造,成为一条双向六车道的现代化路段。为庆祝澳门回归,澳门政府于1999年在公路分隔带中竖立了十二生肖的雕塑。

四、九澳港

九澳港即位于澳门路环岛东北的九澳湾至大担角之间的深水港，又称九澳码头。1987年12月澳门政府与澳门港口管理有限公司签署了有关九澳港兴建及经营管理承诺书，该公司由中、葡、港、澳资本组成，澳门政府占33%，公司从事九澳港的港口发展及海上运输业等多项有关业务。九澳港包括集装箱货柜码头、油库码头、水泥厂码头及发电厂码头。九澳港工程分两期建设。第一期工程填海兴建两个占地4.5 hm^{2}的深水集装箱货柜码头，具体包括两具长150 m和宽170 m的停泊区、7 000 m^{2}作业区、20 400 m^{2}货柜停放区、1 200 m^2（可扩大至4 000m^2）的货仓，一年可装卸8万个货柜标准箱；第一期工程于1991年建成并投入使用。

第二期工程在填海区兴建一个面积约29 hm^{2}的集装箱货柜码头、7.9 hm^{2}的油库码头、水泥厂码头及发电厂码头。燃油库码头1994年竣工，包括一个燃油码头和14个贮油罐，储存民用燃油和飞机用油。九澳港集装箱货柜码头第二期工程完工后，2007年澳门港货柜处理能力总计达138 687个标准箱，总重量为3 826 335 t。其中内港88 473个，1 081 287 t；九澳港50 214个，2 745 048 t。

五、澳门国际机场

澳门国际机场位于氹仔岛东北部一个1.15 km^{2}的人工岛上，该岛用6 100×10^4 m^{3}的砂石填海而成，这是当今世界上第二大人工岛飞机场，于1989年正式动工，1995年建成启用。

澳门国际机场由候机楼坪、人工岛跑道和联络桥三大主体工程组成，其中候机大楼、指挥塔、停机坪，以及检修机库、货运仓库、停车场等机场辅助设施均是通过开山填海建成，而人工岛跑道区和两座联络桥则是以填海和桩基结构方式兴建在海上。整个机场完全按国际民航组织的"CAT"型标准设计；候机楼建筑面积为5×10^4 m^2，设4个登机桥，客容量一年可达450万人次；停机坪能停靠6架波音747和10架麦道11飞机；货运站货容量达12×10^4 t；检修机库可供B747-400型飞机进库检修；还建有600个车位的多层停车场。

澳门国际机场全天二十四小时运作，是珠江三角洲与世界各地联系的重要桥梁，也是中国大陆与中国台湾的空中客运交通中转站之一，还是世界上少数有到朝鲜的直航航班的机场之一。澳门国际机场的建成，架起了澳门通往世界各地的空中桥梁，提升了澳门在国际上的知名度，并极大地促进了澳门经济的发展和长期繁荣稳定。

六、莲花大桥

澳门与珠海之间的第二条陆路通道,西接珠海横琴,东连澳门路氹填海区,为第一条且唯一一条连接澳门和珠海横琴的跨境大桥,是第二个连接澳门和中国内地的陆上交通边境,是京珠高速公路及105国道向澳门延伸的公路桥梁工程。桥长1 756 m,宽32 m,双向6车道,设计年交通流量1 000万辆次,1998年6月动工兴建,1999年12月竣工。规划期间澳门和珠海协定共同投资2亿元人民币兴建,珠澳两地同时动工,在桥中段合龙。当时被列为迎接澳门回归的重点建设项目,是澳门回归祖国的标志建筑之一。莲花大桥工程是联系珠海和澳门的纽带,对促进珠海、澳门两地经济的合作和发展起到了重要作用,是澳门通往内地的又一条陆上交通通道,减轻了拱北口岸的压力,避免了干线公路对珠海市区的干扰。同时,为澳门路氹填海区和珠海市的西区、横琴开发区、洪湾保税区的开发,创造了有利条件,有利于澳门进一步加强与粤西地区的经济交往,促进两地发展。

七、西湾大桥

西湾大桥是连接澳门半岛和氹仔岛的第三座大桥,于2002年10月8日动工兴建,主桥于2004年6月28日合龙,位于氹仔西北区至澳门半岛靠近融和门附近,全长1 720 m,总造价为5.6亿澳门元。西湾大桥的落成标志着结束了每逢台风来临,澳门半岛车辆与离岛不能对开的历史。作为连接澳门半岛与氹仔通道之一的西湾大桥,在完善澳门交通布局、推动社会和经济的进一步发展方面发挥着重要作用。

西湾大桥造型呈竖琴"斜拉式",为双层全天候设计,上层双向六线行车,下层预留铺设轻轨铁路的条件。最大特色是桥塔形状采取拱门式的英文字母"M"字的双拱桥设计。"M"寓意澳门国际化的称谓;拱门竖看、横看分别代表罗马数字及阿拉伯数字的"三"字,有第三座大桥之意。中式的桥塔与塔顶之间的拱形穹顶和塔柱四周的欧式嵌边,反映了中西文化的结合。桥墩由上至下渐收,外观呈弧形,宛如两片盛开的莲花瓣,富有澳门地方特色。大桥外面采用分色涂装方案,避免了梁高太大造成的笨重感。夜间对桥塔及桥体不同部位采用不同色调的灯光照明,突出亮点,桥型整体则形成一亮带。西湾大桥线条优美,宏伟壮观,不失为澳门一大标志性建筑。

八、东亚运动会体育馆

东亚运动会体育馆是2005年澳门第四届东亚运动会的主场馆,于2003年

2月动工，2005年3月竣工，2005年7月5日正式开幕。此馆坐落在路氹城东填海区，总建筑面积139 960 m²，由室内运动场、综合剧院、展览中心和澳门国际会议中心四个独立部分组成，分主场馆、副场馆、多功能馆（会展中心）及地库多个部分。体育馆主场馆的高20 m，长径92.5 m，短径62 m，总层数共六层，其中，主场馆四层，首层为比赛区，适宜用作所有活动；二层是观众席，可容纳约8 000名观众；副场馆也有四层，用作国际性球类比赛及柔道、武术等活动，平时可作训练场地，可容纳2 000名观众；多功能馆共两层，首层有近3 000 m的展览厅，二层有大型多功能厅，除可作训练及比赛场地外，亦可作2 000人的宴会场地。展览中心面积2 772 m²，高度为4.6 m，场地适合举行展览与交易会等活动；会议中心面积3 000 m²，高度为15 m，无柱设计，场地适合举行大型宴会、展览或会议等活动。

九、路氹填海工程

早在20世纪20年代，澳门就曾有一个庞大的填海造陆设想，即在氹仔与路环之间的路桥以西的大片浅滩进行大规模填海，把两者连成一体。20世纪70年代后，这个设想开始实施，并且成为澳门城市空间拓展的方向。20世纪90年代初，澳门政府做出规划，在氹仔与路环之间进行大规模填海，至2005年已造出5.3×10^4 km²的陆地，成功将两个离岛连成一体，为澳门发展提供了大片土地，成为迄今为止澳门最大的填海造陆工程。目前，路氹填海区已成为澳门未来发展的核心之一，城中兴建了不少赌场、酒店。已竣工及开发建设中的项目包括威尼斯人度假村及娱乐城、远东发展集团项目、香格里拉酒店项目、四季酒店项目、希尔顿酒店项目、富豪酒店项目、Starwood酒店项目等。在澳门半岛博彩区因土地资源缺乏而无法再有大型新项目的情况下，澳门博彩业的发展重心将逐步移往这里，该区以后甚至有可能取代澳门半岛传统博彩区的核心地位。

十、路氹金光大道

路氹金光大道位于氹仔与路环之间的填海区一带，是路氹城的一项综合性的娱乐场度假村发展项目。路氹金光大道的首期工程包括10 000间酒店客房，大规模的商业、消闲及娱乐设施，包括世界级的会议及展览设备，超过20 000个座位的8个独立剧院以及全亚洲最现代化、最令人兴奋的娱乐场。目前，路氹金光大道包括澳门威尼斯人度假村酒店、新濠天地、银河大型渡假酒店和澳门皇冠酒店等几个大型娱乐场所。

第三篇　专论

第七章　澳门旅游博彩业的多维效应
——来自居民的调查

章前语

澳门居民对旅游博彩业在环境和青少年价值观方面的负面效应有着强烈的感知，在国际化和地方形象方面有强烈的正面认同，在传统文化方面有较强烈的正面感知。经济方面，相对于其对就业和增加家庭收入方面较高的正面效应，居民对其提高生活成本的压力的负面效应感知更为强烈。与赌权开放前对比，居民的感知中变化最大的是环境和社会以及生活成本指标，其次是文化方面的指标，前者出现消极趋势，后者则呈积极趋势。结合同期澳门社会现实数据分析发现，5年间居民的旅游博彩的多维效应感知显著差异的关键因素很可能与赌权开放后旅游博彩业的规模效应密切相关，这种显著变化暗示居民对社会和环境方面的影响比以往更关切，或者澳门已处于一个比较敏感的社会环境临界点，因此，研究澳门旅游博彩业的社会环境容量和门槛成为迫切的课题。

关键词

博彩业；旅游影响；历时性研究；居民感知；澳门

第一节　澳门旅游博彩业的效应概述

旅游人类学家对旅游给目的地带来的文化和社会影响尤其关注。博彩娱乐活动作为一种特别的旅游产品，学界对其给当地社区和居民带来的多维影响日益关注。居民对旅游博彩业的不同的态度以及影响这种态度变化的因素也是学界研究的热点之一。这些因素可分为目的地经济社会环境属性方面的、居民社会属性或空间属性方面的。一般认为这些研究可以让有关方面认识居民对旅游影响的感知，帮助地方政府了解社会影响，减少旅游者与居民之间的冲突，并合理制定规划，以获得居民对旅游业的支持。

旅游区的发展总是动态变化的，历时性对比研究虽研究周期长却更有价值。澳门的旅游博彩业有百年以上的历史，但突破性发展应是自2002年赌权开放政策执行开始。遗憾的是在有关澳门旅游的研究中却没有明确的历时性对比分析。"量变导致质变"的常理是否会在澳门旅游博彩业的多维影响中有所体现？此为本章的主要研究内容。

压倒性优势的旅游博彩业及飞地型旅游开发模式是澳门与世界其他旅游博彩地的通性，博彩娱乐场贴近或混合在居住区和世界文化遗产区内(图7-1)。Fanny(2004)的调查显示，澳门居民对博彩业有着矛盾的态度，居民对博彩业带来的问题提到频率最多的是家庭纠纷和借债赌博。居民认同旅游博彩业

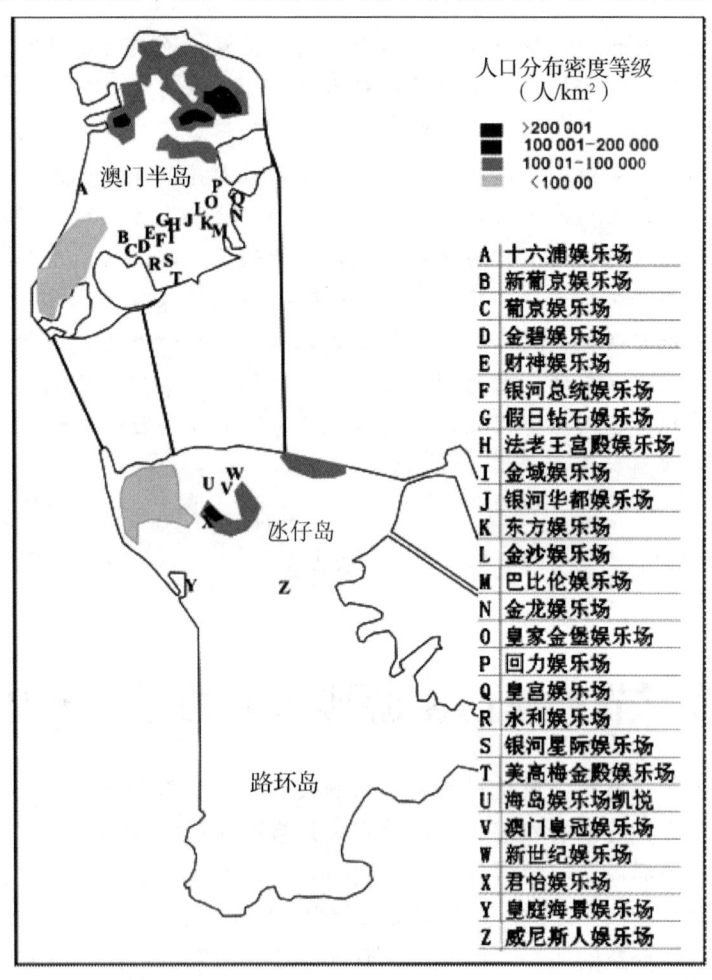

图7-1 澳门博彩娱乐场所与居民区的空间关系

的经济收益，却未感觉其负面的环境代价。大部分受访者对博彩业在个人、社会和环境方面表现得相对乐观。2002年澳门打破近百年的博彩垄断性专营模式，引入国际著名博彩娱乐公司，自2004年第一家赌权开放后开业的有拉斯维加斯背景的金沙娱乐场开业以来，澳门博彩业在经营主体数量、场所数量、入场人数、收入等方面都剧烈增加。同期，澳门人口数量、土地面积、经济总量等也都有不同程度的增长。同时，入境客源地的组成也发生了显著的变化，内地成为压倒性优势客源地。在这样的共性和个性的背景下，在这样的量与级的变化情景下，在这样的客源地结构变化趋势下，当地居民对澳门旅游博彩业的影响的感知是否与世界其他博彩旅游目的地有共性的地方？是否有历时性的显著差异？这是需要回答的问题。

2007年8月研究组对研究区域进行了7天的实地考察访问，形成了某些问题的初步判断。2008年3月，研究者对澳门居民进行了深入的问卷调查。通过不同区域学校、教会、行业组织（包括博彩业，金融业等）及互联网等渠道分发问卷，邀请学生家长和各行业18岁以上人员答卷。共散发问卷1 000份，收回有效问卷616份。问卷采取李克特5分制量表，1分表示很不认同，5分表示非常认同。跟以往采用的研究方法不同，本研究尝试将所有指标都同向化度量，如就业机会增加了、治安状况改善了、生活成本降低了、空气污染减轻了，以便数值的直接加总与对比。这样，较低的总分表示居民总体感知较差，较高的总分则表示较好。以SPSS统计软件进行了描述性统计分析、相关分析和聚类分析。另外，通过与2003年调查结果的对比进行一个5年的历时性研究。

第二节 澳门旅游博彩业的效应分析

一、描述性统计分析

32个指标的平均值为3.06，极端低值主要在经济（生活成本2.16）、环境（空气质量2.21、噪声污染2.22、水污染2.46、固体垃圾2.47）和社会（青少年价值观2.31）三个维度。其他低于平均值的指标主要是社会维度的邻里关系2.81、家庭关系2.81、人生追求2.89、治安状况2.95、社会凝聚力3.00和创业精神3.04，以及环境维度的性病传染病2.58、绿地植被2.61。最高值主要出现在澳门国际化水平和地方形象方面（普通话3.97、英语3.76、国际地位3.75、西方饮食3.70、澳门形象3.55）和经济维度（就业机会3.57）以及文化维度（文化传承意识3.51、文化遗址保护意识3.51）。其他高于平均值的指标主要是经济维度的家庭收入、个人形象、对个人和澳门的未来信心、好客度、基础设施、医疗教育福利等。只有英语使用率和好客度两个指标的标准差较大，分别为1.53和1.90，其他都在1.0左右。说明除英语使用和好客度两个指标外，其他指标都有较好的内部一致性（图7-2）。因此，以均值水平进

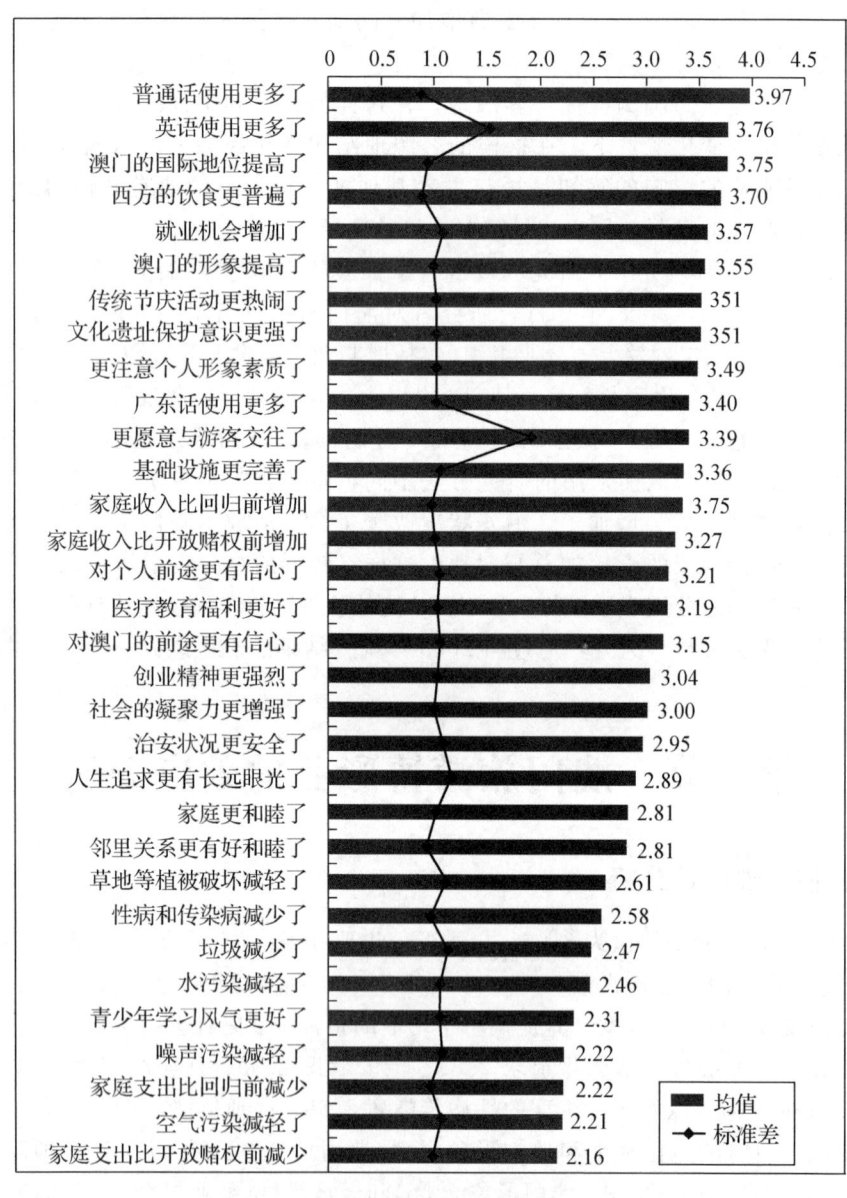

指标	均值
普通话使用更多了	3.97
英语使用更多了	3.76
澳门的国际地位提高了	3.75
西方的饮食更普遍了	3.70
就业机会增加了	3.57
澳门的形象提高了	3.55
传统节庆活动更热闹了	3.51
文化遗址保护意识更强了	3.51
更注意个人形象素质了	3.49
广东话使用更多了	3.40
更愿意与游客交往了	3.39
基础设施更完善了	3.36
家庭收入比回归前增加	3.75
家庭收入比开放赌权前增加	3.27
对个人前途更有信心了	3.21
医疗教育福利更好了	3.19
对澳门的前途更有信心了	3.15
创业精神更强烈了	3.04
社会的凝聚力更增强了	3.00
治安状况更安全了	2.95
人生追求更有长远眼光了	2.89
家庭更和睦了	2.81
邻里关系更有好和睦了	2.81
草地等植被破坏减轻了	2.61
性病和传染病减少了	2.58
垃圾减少了	2.47
水污染减轻了	2.46
青少年学习风气更好了	2.31
噪声污染减轻了	2.22
家庭支出比回归前减少	2.22
空气污染减轻了	2.21
家庭支出比开放赌权前减少	2.16

图7-2　指标均值及标准差

行初步判断，则澳门居民强烈感受到旅游博彩业在生活成本、环境污染和青少年价值观方面的负面效应和在提高澳门国际化水平和地方形象以及文化传承保护方面的正面效应。

二、聚类分析

通过两步聚类法，分别将环境、经济、社会、文化和国际化形象五个维度的指标进行了聚类分析（图7-3）。环境维度归为两类，即谨慎担忧（53.41%）和担忧（46.43%）；经济归为两类，即中性（63.47%）和谨慎乐观（36.2%）；社会归为三类，即担忧（42.37%）、谨慎乐观（30.36%）和谨慎担忧（26.62%）；文化归为两类，即谨慎乐观（37.99%）和乐观（61.85%），国际化水平和形象方面全为乐观一类。

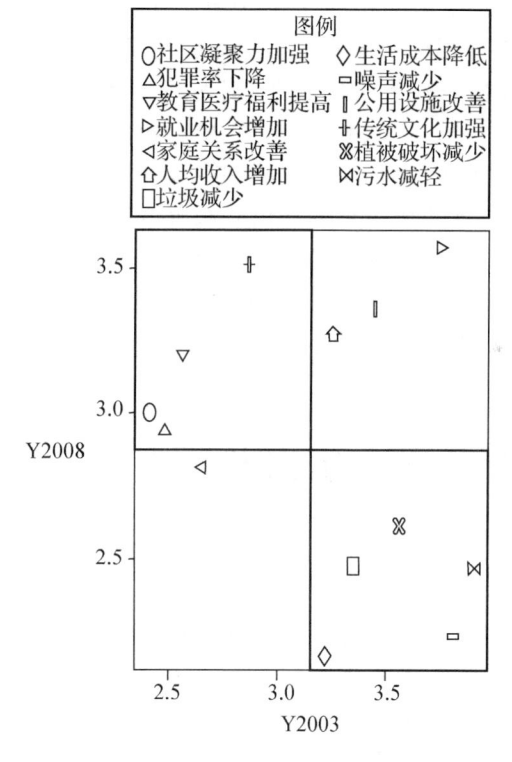

图例
○社区凝聚力加强　◇生活成本降低
△犯罪率下降　　　□噪声减少
▽教育医疗福利提高　⌑公用设施改善
▷就业机会增加　　　✢传统文化加强
◁家庭关系改善　　　✖植被破坏减少
人均收入增加　　　⋈污水减轻
□垃圾减少

图7-3　2003年与2008年部分指标对比

三、列联表卡方检验和Spearman相关分析

列联表卡方检验，居民的总体评价有显著的区域差异。如前所述，将同

向化了的 32 个指标分值加总即可得到居民对 32 个指标的总分值，分值高低说明居民对旅游博彩业的总体感知的好坏。将总分与性别、居民居住区域进行列联表卡方检验，结果显示总分值在不同性别上没有显著差异，但在居住区域上有着显著差异（$X^2=27.242$，Sig.$=0.027$），评分低的主要来自路环和新口岸区域的居民，评分高的主要来自大三巴、关闸，其次是新口岸和妈阁庙区域的居民，中性评分主要来自氹仔。这点与 Spearman 相关分析的结果吻合，因为经济收入与总分呈显著负相关（$R=-0.161$，Sig.$=0.000$），也就是说，收入越高的人，总分评价越低，对澳门旅游博彩业的负面效应感知更强烈。而澳门的社会空间分布特征之一就是高收入阶层主要居住在离岛（环境更好），而中低收入阶层主要居住在临近关闸和大三巴区域（拥挤）。离岛居民对旅游博彩业的负面效应有着相对更高的感知，澳门半岛居民尤其是临近关闸和大三巴区域的居民对旅游博彩业的正面效应有着更高的认同。

　　Spearman 相关分析显示年龄与总分没有显著相关，但是经济收入水平、学历水平、居澳年限与 32 个指标中的大部分成显著负相关。同时，经济收入（$R=-0.161$，Sig.$=0.000$）、学历水平（$R=-0.221$，Sig.$=0.000$）及居澳年限（$R=-0.151$，Sig.$=0.000$）与总分亦呈显著负相关，说明越高经济收入水平、越高学历和居澳年限越久的居民对旅游博彩业的负面效应感知更敏感或者说更强烈。该结果看起来有趣：居住地相对远离游客影响区域的学历更高、收入更高或居澳更久的澳门人比那些相对紧邻游客常至区域（或者说紧邻博彩娱乐场）居住但收入和学历较低的澳门人更明显地感知到了旅游博彩业的负面效应！

第三节　历时性对比与讨论

一、显著的变化

　　Fanny 2003 年的调查中，居民认同旅游博彩业的经济收益，却未感觉其负面的环境代价。在个人方面，居民分为乐观派（71.6%）和谨慎乐观派（26.6%）。在社会方面全部归为谨慎乐观派。在环境方面则有乐观派（37.1%）、中性派（37.1%）和质疑派（40.3%）。从聚类分析结果看，相对于 2003 年的调查（表 7.1），居民在环境和社会两方面的感知都有显著差异：环境方面，分为两类，谨慎质疑（53.41%）和质疑（46.43%），总体上居民的感知是负面效应的，而 2003 年的调查中质疑派只占 40.3%，中性派占 37.1%，甚至有 37.1% 的乐观派。社会方面，本调查中大部分居民表现出质疑

(42.37%)或谨慎质疑(26.62%),只有30.26%表示谨慎乐观,这与2003年全部表现为谨慎乐观相去甚远。

表 7.1 Fanny 2003 年的调查聚类结果

聚类类型	判别类型	频次($N=519$)	比例/%
个人维度			
cluster 1	谨慎乐观	372	71.6
cluster 2	乐观	138	26.6
社会维度			
cluster 1	谨慎乐观	512	98.7
环境维度			
cluster 1	乐观	192	37.1
cluster 2	中性	209	40.3
cluster 3	质疑	107	20.6

从均值水平结果看,相对于2003年的调查,本次调查也有显著变化,差距最大的指标主要在生活成本和环境方面(污水、噪声、植被、垃圾);差异较大的主要是文化方面和社会方面的指标(教育医疗福利、犯罪率、凝聚力);差异较少的是家庭关系、家庭收入、公共设施、就业这几个指标。在这些显著的变化中,除了教育医疗福利和社会凝聚力两个指标比2003年有所改善外,其他的都退步了(图7-3)。

因此,综合均值和聚类分析的比较结果,5年间居民的感知在环境和社会效应方面有着显著或较显著的变化,即居民出现了更强烈的负面环境效应和社会效应感知。同时这两方面的巨大变化可以从澳门的现实情况中找到部分答案。

环境方面,从澳门环境监测结果来看,吸入悬浮粒子、氨气、氧化亚氮、甲烷、二氧化碳等长期测量环境指标呈现增长态势。这些大气污染物主要来自电力生产、交通运输、工业制造、固体废物焚化以及污水处理,尤其是前二者,所有这些大都是服务于澳门的第一大产业——旅游博彩业。相关分析显示,电力消耗量与到访游客数量($R=0.977,P=0.000$)、博彩业收入($R=0.985,P=0.000$)呈显著正相关。澳门沿岸水质污染指数、焚化中心固体焚化数量、建筑废料等也呈明显增长趋势。另外,澳门官方调查中受访者觉得澳门空气质量比3年前差,噪声问题也更严重,整体市容显著退步,环境保护方面的满意度出现明显下降。这个结果与本调查吻合。当然，环境方面的消极认同除了与游客的急剧增长有关外，也可能与人们的环境意识的加强有关。

社会方面，此次调查中，青少年价值观均值与环境质量、生活成本属于三个极端低值指标。与本调查相吻合的还有来自官方或协会的调查：澳门社会最突出的三个社会问题之一就是青少年问题；2003～2004 学年度总共有 4 908 位学生离校，其中，2 060 人选择就业，76% 投身博彩及其相关服务行业；2007 年，从事博彩业的年轻人占本澳青年就业人口两成，预料这个比例会持续增加；22.1% 的青年博彩从业人员是"弃学从赌"，其中高中阶段辍学的占 20%。可以说，旅游博彩业与澳门最突出的社会问题之一的青少年价值观问题有着不可分割的内在联系。而这应该与澳门的劳动力供给结构和状况有关，低失业率和劳工的短缺以及接受高等教育的较高机会成本使得越来越多的青少年辍学进入赌场工作。其相对更高的职业薪酬和较低的准入门槛使青少年提早结束学业而去就业，并且主要从事与博彩业直接或间接相关的工作。

近些年澳门的犯罪率和离婚率都呈现上升趋势。通过与非洲、美洲和欧洲的对比，有研究者发现澳门的危险感知是最高的，并认为澳门的高危险感主要是因为当地特别高的犯罪率以及当地媒体的粗俗展示。从 1996 年到 2003 年再到 2007 年，澳门的犯罪宗数从 8 162 宗发展到 9 920 宗和 12 921 宗。相关分析显示，犯罪率与到访者数量、博彩业收入强烈相关（R 分别为 0.946 与 0.960，Sig. ＝0.000）。从 1996 年、2001 年和 2006 年的统计来看，澳门的分居离婚比例分别为 1.1%、1.7%、2.4%，分居离婚人数分别为 3 854 人、7 147 人、12 214 人，几乎也都成倍增长（图 7-4）。据澳门社会工作局的调查，超过 70% 的家庭在生活中遇到问题，其中约 20% 的人是与家人相处的问题。离婚率与此二者也同样强烈相关（R 分别为 0.974 与 0.962，Sig. ＝0.000）。因此，在社会影响方面，虽然教育医疗福利和社会凝聚力两个指标比 2003 年改善了，但是无法改变的一个事实就是，居民对旅游博彩业的社会影响感知从 2003 年的 100% 受访者谨慎乐观变为 2008 年的 30.26% 表示谨慎乐观，而其余 42.37% 为质疑，26.62% 为谨慎质疑。

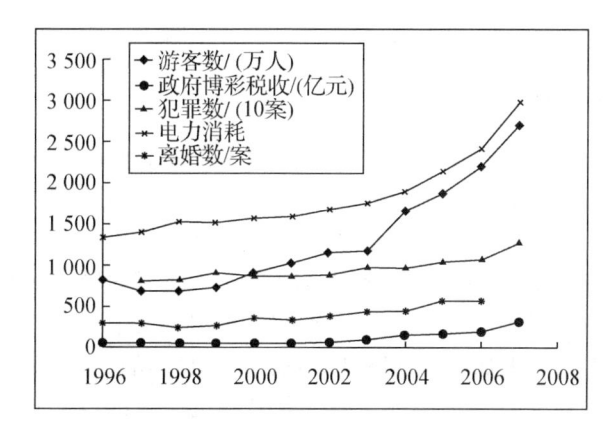

图 7-4　澳门旅游博彩业发展指标与澳门经济社会
　　　　发展指标的变化趋势

资料来源：澳门统计暨普查局

与居民感知相应的社会事实是，从 2003 年 5 月的调查到 2008 年 3 月的调查期间，综合澳门统计局的数据，澳门博彩娱乐场数量从 14 家发展到 28 家，而且新开场所规模更为巨大，如 2007 年 8 月开张的威尼斯人娱乐场的赌台数量和角子机数量几乎相当于 2003 年澳门全部赌场的总和。至 2007 年年末，博彩娱乐场数量是 2003 年的 2 倍，到访游客数为 2.27 倍，博彩业收入为 2.77 倍，赌台数量为 4 倍，角子机数量为 5 倍。因此，相对于 2003 年的调查，澳门的旅游博彩业的多项数据都成倍地增长，规模空前地壮大，而且日益激烈的竞争有可能造成经营秩序混乱。同时，旅游博彩业对劳力的大量吸纳以及相对较高的薪酬（2007 年就业统计数据显示，直接从事博彩业的人员达 3.82 万，占总就业人口的 12.2%，博彩业月薪中位数是总体就业人口月薪中位数的 1.58 倍）造成其他行业以及整个澳门社会人力资源紧张，也给青少年提早就业甚至辍学就业提供了诱惑。

二、不显著的变化

与 2003 年的调查相似，受访者依然对旅游博彩业在文化方面的正面效应有较高的认可，他们认为传统文化和文化遗产的传承保护意识增强了，这应该与当地的文化遗产近年被列为世界文化遗产名录从而促进了他们的文化觉醒和自豪感有关。受访者依然较高地认同旅游博彩业在就业机会、家庭收入方面的积极作用。另外，本调查中经济方面的指标设计了两个对比时间点，1999 年（澳门回归年）与 2002 年（澳门赌权开放年），受访者觉得相对于澳门回归前的状况，家庭经济收入增加在赌权开放后不如生活成本上升那样显著（图

7-2)。

三、与其他案例不同的变化

尽管有研究认为博彩业会给地方形象带来负面影响，但这个观点在此次调查中却并没有得到居民的认同，相反，他们认为澳门的形象提高了，国际地位也提高了。本调查中，旅游博彩业在国际化以及澳门形象方面的正面影响得到高度认可，尤其是在国际化水平提升上。澳门的国际地位和形象提高以及对未来信心的增强，与澳门融入到更广阔的归属圈（例如，回归与融入一个正在崛起的大国，更加融入国际社会）而不是处于殖民统治下的边缘化地位有关，也与文化背景多元化的到访者、著名跨国企业的巨额投资、现代化巨型建筑的增加、总体经济实力的显著提升，以及政府公共收入的增加和对民生等公共事业的更多投入等有关。

第四节　结论

随着外来机构对旅游地发展的影响力日趋增强，旅游地居民感觉他们越无法控制本地的发展，他们对旅游发展的态度也会随之越为反对。随着澳门旅游博彩业发展到更高的阶段，赌权开放和境外巨型投资的铺开以及对该市场份额的逐步占有和控制，居民对旅游博彩业的态度变化也是值得研究的。限于调查指标不能太多，本调查并未专门提及，后续研究应该跟进。社会承载力理论指出，当旅游地的发展超过其承载力后，社区居民的态度会由在旅游发展初期阶段的支持转为反对。研究发现饱和型社区与饥饿型社区截然相反的旅游效应感知倾向其实也说明社会环境容量显著地影响着居民的态度。

从"愤怒指数"理论、旅游依托程度理论以及社会承载力理论来看，澳门旅游博彩业的发展阶段判断、居民的态度变化倾向、澳门的社会环境敏感点或门槛的判读是紧密相关的。2003年的调查基本体现的是赌权开放前的状况，因为赌权开放后新建的第一家博彩娱乐场金沙娱乐场是调查完成之后建成营业的。5年后，即赌权开放政策开始产生实质性影响的阶段，到访者人数、博彩娱乐场数目与规模、收入及旅游博彩业地位等都出现大幅提升，在这样一个背景显著变化的历时性对比研究中，我们发现规模效应对旅游博彩业的负面影响似乎越来越明显，尤其是在环境和社会这两个维度。结合同期澳门社会的实际状况的分析，环境指标、犯罪率、离婚率等与到访者数量及博彩业收入显著相关。研究认为，5年间受访者对旅游博彩业的多维效应感知显著差异的关键因素很可能与赌权开放后旅游博彩业的规模效应密切相关，而居民对社会和环境维度的影响也比以往更关切，同时澳门或已处于一个比较敏感的社会环境临界点，因此，研究当地旅游博彩业的社会环境容量和门槛成为迫切的课题。

受访者的社会属性中教育程度、收入水平、居澳年限与大部分指标以及总分成显著负相关的倾向也说明本调查结果令人信服，因为一般来说，这部分居民的社会判断力相对更强、更合理和可信（当然，他们对环境、社会、经济、文化和国际化也有着更高的期望和要求）。调查样本中 50 岁以上人群比例低于总体中该人群的比例，因此实际情况也许比本文更严重。但本研究的局限性依然明显，虽然都力图通过一定的指标来探秘一定维度的变化倾向，但因为调查侧重点不同，两次调查对比中指标设计有一定差异，这样只能对结果进行大致对比。历时性对比最理想的方法是根据实际情况（地方性文化与国情等差异）精确设计针对研究区域样本的指标体系，以每个固定的间隔期，如 5 年，用同样的方法采集和处理数据。也就是说，本研究将是我们后续跟踪研究的基础和参照。

第八章 中西文化交汇之都的创新之路
——澳门文化创意产业发展初探

章前语

文化创意产业是指源于个人创造力和技能才华，通过知识产权的生成和取用来实现、能够创造财富并增加就业机会的产业。它具有强渗透性和高收益性等优势，对于带动区域经济发展和提高区域经济实力具有重要作用。发展文化创意产业是澳门未来经济发展的合理选择，是澳门调整经济结构、提升城市形象的需要。澳门具有丰富而独特的地域文化资源，综合经济实力较强，有较宽松的创新环境和良好的文化消费市场基础，这些都有利于澳门文化创意产业的发展。未来澳门文化创意产业的发展应立足于自身异彩纷呈、中西合璧的文化资源优势，突出重点，循序渐进，以文化旅游业作为切入点，带动建筑设计、演艺娱乐、网络文化、会展广告等行业的发展和区域产业结构的升级。为此，需要在资金、政策上给予相应的支持和鼓励，并实施相应的人才培养和引进计划，促进本区文化创意产业的良性、可持续发展。

关键词

文化创意产业；澳门；文化；发展策略；旅游

第一节 文化创意产业：新的经济增长点

近年来，随着文化与经济、科技相互交融程度的不断加深，文化的经济价值日益体现，一种新兴的朝阳产业——文化创意产业（cultural creative industries）悄然兴起。所谓文化创意产业，是指源于个人创造力和技能才华，通过知识产权的生成和取用来实现、能够创造财富并增加就业机会的产业。文化创意产业的概念最早于1997年在英国提出，英国政府在文件《英国创意产业路径文件》(1998)中将文化创意产业分为广告（advertising）、建筑（architecture）、艺术品及古玩（art and antiques market）、工艺品（crafts）、设计（design)、时尚设计(designer fashion)、电影与录像(film and video)、交互式休闲软件(interactive leisure software)、音乐(music)、表演艺术(performing arts)、出版(publishing)、软件与电脑服务(software and computer services)、电视广播(television and radio)等13个行业。北京市统计局和国家统计局北京调查总队联合发布的《北京市文化创意产业分类标准》则把文化创意产业分为九大类：文化艺术；新闻出版；广播、电视、电影；软件、网络及计算机服务；广告会展；艺术品交易；设计服务；旅游、休闲娱乐；其他辅助服务。文化创意产业是文化资源与其他生产要素结合的结果，创意是文化创意产业的核心，而文化则是创意产业的灵魂。

社会经济的发展是文化创意产业出现和发展的基础。随着人们生活水平的提高，纯物质性的消费需求会相对减少，而文化性的精神消费需求则会不断增加，这就要求向大众提供更多的符合市场需求的精神性产品，这正是文化创意产业的使命所在。文化创意产业改变了传统物质产业发展的静态模式，开启了一种动态的产业发展模式，它具有强渗透性和高收益性优势，对于带动区域经济发展和提高区域经济实力具有重要作用。此外，文化创意产业还具有可持续性强和节约自然资源、利于环境保护等优点。近年，一些发达国家或地区已认识到文化创意产业的巨大发展前景，纷纷制定了创意产业的发展战略，使文化创意产业成为经济先发地区新的经济增长点。文化在未来可能成为第一生产力，开发文化的时代已经来临。

第二节　澳门发展文化创意产业的必要性

一、产业结构调整的需要

一直以来，澳门产业结构的调整就没有停止过。鸦片战争爆发后，澳门中西贸易港埠的地位逐渐被香港取代，当时的澳门仅凭渔业和爆竹、火柴、神香等传统手工业勉强维持生计。在此情况下，澳葡当局开始经营赌博、娼妓、鸦片等特种行业[①]。于是，赌博业逐渐在澳门兴起，赌税成为澳门政府的主要财源。20世纪60年代，澳门的成衣出口加工业、旅游业和建筑业开始兴起。至70年代后期，出口加工业、旅游博彩业和建筑业成为澳门的三大经济支柱，澳门经济开始走向多元化。80年代，出口加工业已成为澳门的第一大产业，建筑业、商业和金融业也得到进一步的发展。20世纪七八十年代，澳

---

① 缪鸿基，何大章，雷强，等．澳门[M]．广州：中山大学出版社，1988

门是世界经济增长率最高的地区之一。但由于基础薄弱、产业结构单一，澳门经济发展的脆弱性和波动性仍较明显，还需进一步调整经济结构，开拓多元化市场，发展多元化经济和多元化产品。由于用地、人力成本等方面均不具备优势，澳门工业向珠海等地转移已成必然趋势。未来澳门应致力于第三产业的发展，博彩业一枝独秀的局面也必须加以改变。需要借助旅游博彩业，带动会展、购物、休闲和文化娱乐等行业的发展，规避单一业务风险，促进产业结构的优化。

近年产业结构单一给区域经济带来的风险和震荡逐渐为世人所识，在保持特色的基础上适度多元化发展成为区域经济发展战略的合理选择。20世纪90年代后期以来，不少发达国家和地区开始把发展创意产业作为提升产业结构、提高国际综合竞争力的主要手段。这对具有丰富文化资源的澳门来说，也是一次难得的产业转型机遇。如何将城市丰富而独特的文化资源转化为核心经济优势，是澳门未来发展面临的一个重要课题。

二、城市社会发展的需要

澳门是世界著名的赌城，博彩业是澳门经济的支柱。2010年澳门博彩业毛收入达1 895.88亿澳门元，博彩业生产值占本地生产总值的32.3%，博彩税总收入为687.76亿澳门元，占当年澳门税收及资本收入总额的77.7%。博彩业虽说是"一本万利"，但毕竟是一种不宜提倡的产业。如果一味倚重博彩业带动城市经济发展，会使城市经济结构严重畸形，弱化城市产业的抗风险能力。而博彩业的扩张，并没能带来社会财富的扩散效应。博彩业对澳门来说是一把双刃剑，既为澳门当地带来了巨额收入，也给本地的产业、教育、社会等带来了负面影响，威胁着澳门人的传统生活方式。在澳门，赌场员工的收入高于绝大多数职业的员工收入，2007年澳门博彩业员工的平均月收入为12 000澳门元，仅次于公共行政、防卫及强制性社会保障（14 900澳门元/月）和电力、气体与水的生产及分配（14 100澳门元/月），远高于7 800澳门元/月的全行业平均水平。这使博彩业在与其他行业竞争人力资源上占有明显优势，造成大批优质人力资源涌入到博彩行业。澳门的有识之士担心，如果澳门的年轻人都被吸引到赌场工作，没有人愿意当教师、警察和医生等，这将对澳门下一代人的素质造成非常不利的影响[1]。同时，近年来中国香港、日本、俄罗斯、中国台湾等国家和地区都在讨论赌博合法化的问题，新加坡则已对博彩业实行开放，澳门博彩业在周边地区无人竞争的局面势将改变。

---

① 赵灵敏. 澳门经济的新增长点在哪里[J]. 南风窗, 2006(23)：36—37

过度发展赌业，会使城市的名声和形象受损，而发展文化创意产业则有利于提升城市的品位与形象，也有利于促进城市居民综合素质的提高。由"东方梵蒂冈"沦落为"东方蒙地卡罗"是澳门城市发展史上的一次"滑坡"。一个城市的长远发展不能寄托在不健康的发展模式上，而应该采取一种既能充分利用本地的优势资源，又符合社会文化发展潮流的社会经济发展模式。可以说，城市发展失衡问题是澳门未来发展的隐忧与挑战之一。应当弘扬传统文化并使之与现代文化融合，保持历史文化的持续性，并活化文化资源。澳门发展文化创意产业就是要扭转"赌城"的负面形象，在保持"中西文化融合"的同时，不断创造出新的文化内容和形态，满足市民和游客多方面、多层次的文化需求。通过创意产业园区的建设，可使旧城区初显衰落迹象的历史街区焕发出新的活力，打造具有地方文化特色的新社区。

第三节　澳门发展文化创意产业的有利条件

一、独特的文化资源和宽松的创业环境

当前，区域之间竞争的焦点已由一般性生产要素转向独特性、稀缺性生产要素，独具特色的地域文化资源正在成为各地培育特色经济的核心要素。文化不仅具有永恒的精神价值，还有巨大的经济能量。澳门具有丰富而独特的地域文化资源，有着深厚的文化积淀和独特的中西文化交流史，这是澳门在未来发展中可资利用的、具有竞争优势的生产要素。这种异彩纷呈、中西荟萃的特色文化在多元共生、全球一体化的新时代将焕发出巨大的生命力，是发展文化创意产业的资源基础。另外，澳门社会的总体环境，对发展文化创意产业是有利的。比如，澳门有开放包容的文化氛围和宽松自由的创新环境，有利于个人能力的发挥和企业的创业；澳门小尺度的街巷空间，也便于人与人之间的交流，有利于激发创新。

二、较强的社会经济实力

国家和地区的总体经济实力是文化创意产业发展的重要基础，这也是文化创意产业首先在发达国家和地区兴起的原因所在。根据美国等发达国家的经验，政府注入引导资金后吸引大量社会资本广泛参与是文化创意产业发展的最好方式。经过多年的发展和积累，澳门已具备较强的经济实力，特别是在博彩业等的支撑下，近年澳门财政年年有巨额盈余。澳门虽没有发达庞大的制造业，但其商贸业、服务业发展历史悠久，民间资本也已具相当的实力。

同时，澳门也具备了较完善的现代数字通信条件和规范化的社会经济运行制度，可保证文化创意产业稳定、持续地发展。

三、坚实的市场基础

文化创意产业的发展，需要稳定强劲的市场支撑。澳门发展文化创意产业的市场条件可谓优越，首先，澳门本地具有较强的文化消费需求和消费能力，有对应多类型、多层次的文化产品消费主体；其次，澳门背靠内地、邻近香港，与世界各地往来便利，闻名遐迩的博彩业和中西合璧的城市面貌为澳门带来每年几千万人次的外地游客和流动性消费群体，这为澳门发展聚合消费型文化产品奠定了坚实的市场基础。

此外，澳门在设计、博物馆、古董鉴赏、西方语言、宗教与历史研究、美食等方面储备有一定的人才资源，有利于澳门在这些方面发展自己的特色文化创意产业，建立起自身的文化产业品牌。

第四节 澳门文化创意产业的发展策略

一、由点到面地渐进发展

文化创意产业具有较强的产业融合性与渗透性，集群化建设文化创意产业园区有利于增强创意产业的拉动效应，促进区域经济的快速增长。通过整合地区文化资源，建立文化创意产业园区，形成区域文化创意产业链，推动创意文化产业的发展，是一条可资借鉴的国际经验。欧美创意产业发展较成熟的国家，基本都建立了创意产业园区，实施规模化经营。根据澳门的历史文化资源特点及其物化实体的分布情况，可将澳门半岛的望德堂区作为试点区，进行系统的规划设计，优化区内资源配置，打造特色鲜明的区域形象，因为该区有较多的传统建筑和相关的商业设施。具体可采取如下措施：①严格保护区内有特色的历史地段及建筑物，展现其独特的文化风貌。②恢复改善区内的经营条件，增加公共活动空间，激发社区经济活力。③设立标志性建筑，作为公共活动中心和凝聚创意产业文化精华的节点。④整合文物建筑与附近街道的使用功能，营造浓厚的文化氛围。⑤重新组织协调区内外交通网络，建立合理的步道系统。①借鉴国内外成功经验，通过对历史街区老建筑的创意设计和改造，盘活、整合街区老旧房屋资源。在此基础上，逐渐将望

---

① 罗赤，李海涛．澳门创意产业园区规划[J]．城市规划通讯，2006(11)：15—16

德堂区的经验向其他区域推广，逐渐壮大澳门的文化创意产业。在空间上，核心区与周边形成合理的功能分区，包括工业区、文化产业区、生态文化区、居住区、商业区等。

二、以历史文化、多元文化为核心元素

越具地域特征的文化创意产业，就越有强大的生命力和竞争力。澳门没有发展制造业等传统产业的优势条件，只能凭借自身的独占性资源，并借助博彩业的影响，培育出新的经济增长点。独具特色与魅力的历史文化和多元文化是澳门最宝贵的文化资源，也是澳门经济发展的潜力所在，澳门文化创意产业的培育与发展不能离开这一核心元素。应注重现代文化与传统文化的融合，并结合时代特征加以改造创新，用现代文化活化历史街区。继续定期举办大型国际性文化艺术活动，进一步扩大澳门在区内外文化消费市场上的影响力。

三、以文化旅游业为龙头

旅游休闲也是大文化创意产业的一部分。根据澳门的现实情况，发展澳门文化创意产业应以文化旅游为切入点。澳门旅游业以往过于偏重于博彩娱乐，大众化、有特色的旅游实施不足，今后应逐步实现旅游博彩向文化旅游的转型。深入发掘本地文化资源，将文化创意元素融入到旅游的各层面、各环节，借助文化创意推动文化旅游的发展，进而以旅游业带动第三产业和其他相关产业的发展，促进澳门文化产业结构的优化升级。在未来应将澳门某些历史文化街区建成以文化旅游为龙头，集建筑设计、演艺娱乐、网络文化、会展广告等于一体的文化创意产业园区。

四、实施人力资源的培养与引进计划

文化资源转化为文化创意产业需要借助人的知识、技能和创意，通过科技与艺术的手段，对文化资源进行重构、创新和提升。文化创意产业对专业人才具有较高的依赖性，尤其需要创新能力强、对市场动态反应敏锐的高端人才。因此，创新型人才的培养，是文化创意产业持续发展的根本。要发展澳门的文化创意产业，政府除了应在资金、政策上给予相应的支持鼓励外，还应从长远的角度着力培育发展文化创意产业所需要的人力资源，并根据本地人才结构特点，制订有针对性的稀缺人才引进计划。

思考题

1. 简述澳门称谓的由来。
2. 简述澳门自然区位的特点。
3. 澳门的经济区位对推动中国经济发展有什么作用？
4. 试分析澳门在粤港澳经济一体化中扮演的角色。
5. 澳门文化有何特点？
6. 简述澳门政治体制的演化历史。
7. 澳门政治体制演化的"双轨"特征是什么？
8. 澳门的行政区划有什么特点？
9. 澳门地形对社会经济发展有什么影响？
10. 澳门为何要进行大规模的人工填海造陆？
11. 简述澳门气候的特点。
12. 人工填海对澳门水域的水文影响如何？
13. 澳门土壤成壤过程与气候的关系如何？
14. 为何澳门植物种类中缺乏澳门特有种？
15. 试析澳门自然生态系统对其社会发展的意义。
16. 澳门经济有何特点？今后该如何提升其澳门经济的质量？
17. 澳门客货运输为何以水运为主？试分析港口对澳门经济发展的影响。
18. 澳门城市结构特征及其形成原因。
19. 澳门人口素质与经济发展的水平不相称，如何提升澳门的人口素质？
20. 分析澳门文化的独特性。
21. 分析澳门半岛城市路网特征。
22. 试述澳门半岛城市景观特色。
23. 澳门半岛土地利用模式为何呈现同心圆模式？
24. 如何保护澳门历史城区？
25. 试述澳门城市中心的形成过程。
26. 试分析澳门离岛的地理特征。
27. 简述澳门回归后离岛的发展概况。
28. 针对澳门面临的机遇和挑战，谈谈对澳门离岛发展的思考。
29. 试分析澳门各大型基础设施建设的意义。

30. 澳门是世界城市吗？为什么？
31. 你认为澳门的旅游博彩业对当地居民的影响主要体现在哪些方面？
32. 为什么旅游博彩业对澳门不同区域的居民的影响有差别？
33. 澳门居民的空间分布与游客的空间分布之间是一种什么样的关系？这种关系对旅游博彩业的进一步发展会有什么影响？
34. 为什么从2003~2008年这五年间，居民的旅游效应感知会有较大的变化？
35. 试分析澳门发展文化创意产业的优势、劣势、机遇和挑战。
36. 谈谈你对澳门发展文化创意产业的思考。

主要参考文献

[1] Ap J, Crompton J L. Developing and testing a tourism impact scale[J]. Journal of Travel Research, 1998, 37(2): 120−130.

[2] Belisle F, Hoy D R. The perceived impact of tourism by residents: a case study in Santa Marta, Colombia[J]. Annals of Tourism Research, 1980, 7(1): 83−101.

[3] Brown D O, Roseman M G, Ham S. Perceptions of a Bible Belt State's proposed casino gaming legislation by religious affiliation: the case of Kentucky residents[J]. UNLV Gaming Research and Review Journal, 2003, 7(1): 49−58.

[4] Caneday L, Zeiger J. The social, economic, and environmental costs of tourism to a gaming community as perceived by its residents[J]. Journal of Travel Research, 1991, 30(2): 45−49.

[5] Carmichael B, Peppard Jr D, et al. Megaresort on my doorstep: local resident attitudes towards Foxwoods Casino and Casino Gambling on nearby Indian Reservation Land[J]. Journal of Travel Research, 1996, 34(3): 9−16.

[6] DanielFelsenstein, Daniel Freeman. Simulating the impacts of gambling in a tourist location: some evidence from Israel[J]. Journal of Travel Research, 1998, 37(2): 145−155.

[7] Deepak Chhabra. Estimating benefits and costs of Casino Gambling in Iowa, United States[J]. Journal of Travel Research, 2007, 46(2): 173−182.

[8] Doxey G V. A causation theory of visitor−resident irritants: methodology and research inference in the impact of tourism[C]. San Diego: Proceedings of the Sixth Annual Conference on Travel and Tourism Research Association, 1975: 195−198.

[9] Eadington W. The legalization of Casinos: policy objectives, regulatory alternatives, and cost/benefit considerations[J]. Journal of Travel Research, 1996, 34(3): 3−8.

[10] Fanny V C K. Gambling attitudes and gambling behavior of residents of Macao: the Monte Carlo of the Orient[J]. Journal of Travel Research, 2004, 42(3): 271−278.

[11] Faulkner B, Tideswell C. A framework for monitoring the community impacts of tourism[J]. Journal of Sustainable Tourism, 1997, 5(1): 3−28.

[12] FelixNeto, Etienne Mullet. Societal risks as seen by Chinese students living in Macao[J]. Journal of Risk Research, 2001, 4(1): 63−73.

[13] Giacopassi D, Stitt B G, Nichols M. Community perception of Casino Gambling's effect on crime in new gambling jurisdictions[J]. Justice Professional, 2001, 14(2~3): 151-170.

[14] Glenn McCartney. The impact of the 50th Macao Grand Prix on Macao's destination image[J]. International Journal of Event Management Research, 2005, 1(1): 46-64.

[15] Gunce E. Tourism and local attitudes in Girne, Northern Cyprus[J]. Cities, 2003, 20(3): 181-195.

[16] Horn C, Simmons D. Community adaptation to tourism: comparisons between Rotorua and Kaikoura, New Zealand[J]. Tourism Management, 2002, 23(2): 133-143.

[17] Johnson J D, Snepenger D J, S Akis. Resident's perceptions of tourism development [J]. Annals of Tourism Research, 1994, 21(3): 629-642.

[18] Keller C P. Stages of peripheral tourism development—Canada's northwest territories [J]. Tourism Management, 1987, 8(1): 20-32.

[19] Kwan A V C, Mccartney G. Mapping resident perceptions of gaming impact[J]. Journal of Travel Research. 2005, 44(2): 177-187.

[20] Lankford S V, Howard D R. Developing a tourism impact attitude scale[J]. Annals of Tourism Research, 1994, 21: 121-139.

[21] Lee C K, Back K J. Pre-and post-casino impact of re residents' perception[J]. Annals of Tourism Research, 2003, 30(4): 868-885.

[22] Long P. Early impacts of limited stakes Casino Gambling on rural community life[J]. Tourism Management, 1996, 17(5): 341-353.

[23] Perdue R R, Long P T, Kang Yong Soon. Resident support for gambling as a tourism development strategy[J]. Journal of Travel Research, 1995, 34(2): 3-11.

[24] Pizam A, Milman A, King B. The perceptions of tourism employees and their families towards tourism: a cross-cultural comparison[J]. Tourism Management, 1994, 15(1): 53-61.

[25] Pizam A, Pokela J. The perceived impacts of Casino Gambling on a community[J]. Annals of Tourism Research, 1985, 12(2): 147-165.

[26] Renata T, Bill F. Tourism and older residents in a sunbell resort[J]. Annals of Tourism Research, 2000, 27(1): 93-144.

[27] Roehl W. Gambling as a tourist attraction: trends and issues for the 21st century[M]// Seaton A. Tourism: the state of the art. New York: John Wiley, 1999: 156-168.

[28] Smith M D, Krannich R S. Tourism dependence and resident attitude[J]. Annals of Tourism Research, 1998, 25(4): 783-802.

[29] Spears D L, Boger C A. Residents' perceptions and attitudes towards Native American Gaming (NAG) in Kansas: Demographics, Policies, and Future development[J]. UNLV Gaming Research and Review Journal, 2003, 7(2): 13-24.

[30] Thomas ENygren. The relationship between the perceived risk and attractiveness of

gambles: a multidimensional analysis[J]. Applied Psychological Measurement, 1977, 1(4): 565—579.

[31] Valene L Smith. Hosts and guests: the anthropology of tourism[M]. 2nd Edition. Philadelphia: University of Pennsylvania Press, 1989: 1—17.

[32] 澳门青年研究协会, 澳门中华学生联合总会. 赌权开放后对澳门的影响——青少年意见调查[R]. 澳门青年研究协会, 澳门中华学生联合总会, 2007. http://www.myra.org.mo/wp-content/uploads/2009/03/2007-10-16.pdf.

[33] 澳门特别行政区政府可持续发展策略研究中心. 澳门居民综合生活素质调查(2007)[R]. 澳门特别行政区政府可持续发展策略研究中心, 2007.

[34] 澳门特别行政区政府社会工作局. 澳门特别行政区家庭状况及家庭服务发展研究报告[R]. 澳门特别行政区政府社会工作局, 2005. http://www.ias.gov.mo/stat/family_rept_2005.

[35] 澳门统计暨普查局. 澳门资料(2011)[R/OL]. 澳门统计暨普查局, 2012. http://www.dsec.gov.mo/Statistic.aspx? NodeGuid=ba1a4eab-213a-48a3-8fbb-962d15dc6f87.

[36] 澳门统计暨普查局. 人口统计(2007, 2011)[R/OL]. 澳门统计暨普查局, 2008, 2012. http://www.dsec.gov.mo/Statistic.aspx? NodeGuid = 7bb8808e-8fd3-4d6b-904a-34fe4b302883.

[37] 澳门统计暨普查局. 统计年鉴(2007, 2010, 2011)[R/OL]. 澳门统计暨普查局, 2008, 2011, 2012. http://www.dsec.gov.mo/Statistic.aspx? NodeGuid = d45bf8ce-2b35-45d9-ab3a-ed645e8af4bb.

[38] 鲍志成. 从宗教建筑看中西文化在澳门的交融合璧和分流共存[J]. 东方博物, 2005, (1): 100—109.

[39] 查灿长. 多元文化交融的缩影——澳门文化[J]. 贵州社会科学, 2005, 196(4): 88—90.

[40] 查灿长. 转型、变项与传播：澳门早期现代化研究(鸦片战争至1945年)[M]. 广州: 广东人民出版社, 2006, 1.

[41] 陈特固, 时小军, 余克服. 华南沿海近100年来2月份的极端气温事件[J]. 热带地理, 2008, 28(3): 199—202.

[42] 陈训来, 冯业荣. 离岸型背景风和海陆风对珠江三角洲地区灰霾天气的影响[J]. 大气科学. 2008, 32(13): 530—542.

[43] 傅家谟, 盛国英, 成玉, 王新明, 闵育顺. 粤港澳地区大气环境中有机污染物特征与污染源追踪的初步研究[J]. 气候与环境研究, 1997, 2(1): 17—22.

[44] 关贯勋, 梁之华, 郭汉佳, 苏毅雄. 澳门鸟类资源调查报告[J]. 四川动物, 2010, 29(1): 91—98.

[45] 韩志远, 田向平, 刘峰. 珠江磨刀门水道咸潮上溯加剧的原因[J]. 海洋学研究, 2010, 28(2): 52—59.

[46] 黄就顺, 邓汉增, 黄钧燊, 郑天祥. 澳门地理[M]. 澳门: 澳门基金会, 1993.

[47]黄就顺，郑天祥．澳门城市形态与城市规划[J]．濠镜，1987，(1)：35－39．
[48]黄就顺．澳门地理[M]．香港：三联书店；澳门：澳门基金会，2009．
[49]黄镇国，张伟强，陈特固．香港/澳门近72年海平面变化曲线[J]．地理科学，1999，19(3)：282－285．
[50]黄镇国，张伟强．中国热带近百年气候波动与自然灾害[J]．自然灾害学报，2007，16(2)：40－45．
[51]贾良文，吴超羽．磨刀门河口近期水文动力变化及人类活动对其影响研究[J]．海洋工程，25(4)：46－53．
[52]金国平，吴志良．镜海飘渺[M]．澳门：澳门成人教育学会，2001．
[53]李明华，范绍佳，王宝民，吴兑，祝薇，刘吉．秋季珠江口地区海风对城市群空气污染的影响[J]．中山大学学报（自然科学版），2008，47(4)：114－121．
[54]梁之劲，高亮．澳门地区沿岸工程地质条件及填海造陆展望[J]．港工技术，2000，(2)：46－52．
[55]林美珍，郑向敏．澳门博彩文化发展的新趋势[J]．旅游科学，2006，20(4)：75－78．
[56]刘南威，何广才．澳门自然地理[M]．广州：广东省地图出版社，1992．
[57]刘赵平．再论旅游对接待地的社会影响——野三坡旅游发展跟踪调查[J]．旅游学刊，1998，(1)：50－54．
[58]罗赤，李海涛．澳门创意产业园区规划[J]．城市规划通讯，2006，(11)：15－16．
[59]罗苏文．澳门开埠的文化遗产[J]．史林，2005，(2)：49－65．
[60]罗章仁．香港填海造地及其影响分析[J]．地理学报，1997，52(3)：220－227．
[61]骆伟建．澳门特别行政区基本法概论[M]．澳门：澳门基金会，2000．
[62]缪鸿基，何大章，雷强，郑天祥，黄就顺．澳门[M]．广州：中山大学出版社，1988．
[63]钱宏林，梁松，齐雨藻．广东沿海赤潮的特点及成因研究[J]．生态科学，2000，19(3)：8－16．
[64]童乔慧，盛建荣．澳门城市规划发展历程研究[J]．武汉大学学报（工学版），2005，38(6)：115－119．
[65]王发国，黎昌汉，邢福武，等．澳门路氹湿地植物与保育[J]．中山大学学报（自然科学版），2005，44(S1)：242－246．
[66]王发国，邢福武，叶华谷，等．澳门路环岛灌丛群落的特征[J]．植物研究，2005，25(2)：236－241．
[67]魏秀堂．澳门面面观[M]．北京：中国建设出版社，1989．
[68]吴春华．发展我国文化创意产业的对策探讨[J]．现代商贸工业，2008，(8)：22－23．
[69]吴瑞贞，马毅．近20a南海赤潮的时空分布特征及原因分析[J]．海洋环境科学，2008，27(1)：30－32．
[70]吴郁文．香港·澳门地区经济地理[M]．北京：新华出版社，1990．
[71]吴志良．澳门政治发展史[M]．上海：上海社会科学院出版社，1999．
[72]邢福武，秦新生，严岳鸿．澳门的植物区系[J]．植物研究，2003，23(4)：472－477．

[73] 徐凤山. 澳门人力资源开发的现状及对策研究[J]. 辽宁教育行政学院学报, 2005, 22(1): 55-56.

[74] 徐君亮. 澳门的海滩资源优势及其开发利用——澳门发展路向研究之三[J]. 热带地理, 1999, 19(4): 331-336.

[75] 许争艳, 孙武, 罗森波, 等. 近百年来广东省3地(广州、汕头、澳门)气温的变化特征[J]. 华南师范大学学报(自然科学版), 2007, (2): 137-142.

[76] 许政. 解读"澳门之谜"[J]. 新建筑, 2006, (5): 27-30.

[77] 杨建业. 走进澳门[J]. 同舟共进, 2006, (7): 34-35.

[78] 杨书申, 邵龙义, 王志石, 邓宇华, 沈蓉蓉, 李卫军. 澳门夏季大气颗粒物单颗粒微观形貌分析[J]. 环境科学, 2009, 30(5): 1514-1519.

[79] 杨允中, 黄鸿钊, 庄文永, 等. 澳门文化与文化澳门——关于文化优势的利用与文化产业的开拓[M]. 澳门: 澳门大学澳门研究中心, 2005.

[80] 杨允中. 澳门现代化进程与城市规划[M]. 澳门: 澳门大学澳门研究中心, 2007.

[81] 姚章民, 王永勇, 李爱鸣. 珠江三角洲主要河道水量分配比变化初步分析[J]. 人民珠江, 2009, (2): 43.

[82] 曾荣青. 澳门气候及主要气象灾害[J]. 华南师范大学学报(自然科学版), 2001, (2): 100-104.

[83] 张立凤, 张铭, 林宏源. 珠江口地区海陆风系的研究[J]. 大气科学, 1999, 23(5): 581-589.

[84] 赵灵敏. 澳门经济的新增长点在哪里[J]. 南风窗, 2006, (23): 36-37.

[85] 郑天祥, 黄就顺, 张桂霞, 邓汉增. 澳门人口[M]. 澳门: 澳门基金会, 1994.

后 记

数度寒暑，几经周折，本书终于定稿。本书得以顺利面世，除了"中国省市区地理丛书"主编王静爱教授的提携、本册编写组同仁的辛勤劳动以外，也凝聚了许多前辈和朋友的心血。值此书稿付梓之际，特向他们致以诚挚的谢忱！

首先是华南师范大学地理系前主任、中国地理学会自然地理专业委员会原副主任刘南威教授。本书编写组到澳门的前期考察和调研，得力于他的关系和引荐；在本书编写过程中，他不仅提出了许多中肯的宝贵意见，还无私地提供自己主编的《澳门自然地理》以及多年收集积累的珍贵资料以资参考。

其次是澳门回归前获澳葡政府颁发"专业功绩"勋章、回归后再获特区政府颁发"教育功勋"勋章、享有"地理王"美誉的澳门地理学者黄就顺先生，以及华南师范大学校友、澳门中西创新学院何广才先生。编写组在澳门调研期间，黄老先生以八十高龄之躯，何广才先生不顾公务繁忙，精心安排编写组的工作和生活，甚至还亲自带领编写组访问了澳门特区政府的相关部门、社团以及景点，使编写组的澳门之行硕果累累，为书稿的编写打下了坚实的基础。

此外，澳门基金会及会长吴志良博士、梁雅桃处长、梁惠英小姐；澳门中西创新学院及院长周亮全教授；澳门大学澳门研究中心及中心主任杨允中教授；澳门地图绘制暨地籍局及张绍基局长、杨玫瑰处长和罗少萍处长；澳门统计暨普查局及赵不还处长、高展文先生；华南师范大学地理科学学院原党委书记刘永琴、原院长徐颂军、张争胜、张远儿等老师，陈哲华、林荣聪、曹梦甜、杨运华、陈浩、江定舟、刘岳雄、周洪梅、黄舒雨、姚瑶、牛君丽、王暖等同学，文学院邓裕华老师，等等，都为本书的撰写提供了许多帮助，付出过辛劳。

在此，向上述前辈、朋友和同仁表示最衷心的感谢！

肖 玲

2014 年 11 月 18 日于华南师范大学